"十三五"国家重点出版物出版规划项目

转型时代的中国财经战略论丛

政府竞争视角下
政府干预与县域金融集聚研究

冯 林 著

中国财经出版传媒集团

经济科学出版社
Economic Science Press

图书在版编目（CIP）数据

政府竞争视角下政府干预与县域金融集聚研究/冯林著.
—北京：经济科学出版社，2017.11
（转型时代的中国财经战略论丛）
ISBN 978 - 7 - 5141 - 8756 - 4

Ⅰ.①政…　Ⅱ.①冯…　Ⅲ.①行政干预 - 影响 - 县 -
地方金融 - 研究 - 中国　Ⅳ.①F832.7

中国版本图书馆 CIP 数据核字（2017）第 296617 号

责任编辑：于海汛　李　林
责任校对：徐领柱
责任印制：潘泽新

政府竞争视角下政府干预与县域金融集聚研究
冯　林　著
经济科学出版社出版、发行　新华书店经销
社址：北京市海淀区阜成路甲 28 号　邮编：100142
总编部电话：010 - 88191217　发行部电话：010 - 88191522
网址：www. esp. com. cn
电子邮件：esp@ esp. com. cn
天猫网店：经济科学出版社旗舰店
网址：http：//jjkxcbs. tmall. com
固安华明印业有限公司印装
710 × 1000　16 开　13.75 印张　220000 字
2017 年 12 月第 1 版　2017 年 12 月第 1 次印刷
ISBN 978 - 7 - 5141 - 8756 - 4　定价：36.00 元

总　序

　　《转型时代的中国财经战略论丛》（以下简称《论丛》）是山东财经大学"特色名校工程"建设的特色项目和重要成果，也是经济科学出版社与山东财经大学合作推出的系列学术专著出版计划的一部分，更是山东财经大学近年来致力于学术兴校战略一批青年学者在经济和管理研究方面的部分成果汇报。

　　山东财经大学是一所办学历史悠久、财经特色鲜明、综合实力突出，在国内外有一定影响的普通高等财经院校。学校于 2011 年由原山东经济学院和原山东财政学院合并组建而成。2012 年成功实现财政部、教育部、山东省人民政府三方共建。2013 年获得博士学位授予权，并入选山东省"省部共建人才培养特色名校立项建设单位"。山东财经大学还是中俄经济类大学联盟创始高校之一、中国财政发展 2011 协同创新中心和中国会计改革与发展 2011 协同创新理事单位。学校的发展为教师从事科学研究创造了良好环境和宽广平台。近年来，学校以建设全国一流财经特色名校为目标，深入实施"特色名校工程"，大力推进改革创新，学校发展平台拓宽，办学层次提高，综合实力增强，社会声誉提升，学校进入了内涵发展的新阶段。为推进"特色名校工程"建设，学校修订了科研成果认定和奖励制度，完善了科研评价与激励机制，同时实行"优秀青年人才特殊支持计划"和"青年教师境外研修计划"等，为青年教师脱颖而出和学术成长提供了政策保障。

　　随着经济全球化、区域一体化、文化多样化深入发展，新一轮科技革命和产业变革蓄势待发，我国经济发展进入新常态，但发展方式粗放、创新能力不强、资源环境约束加大等不平衡、不协调、不可持续问题依然突出，迫切需要更多依靠创新驱动谋求转型发展的出路。为了应对当今世界的深刻变革，我国启动了"双一流"建设，对财经学科发展提出了严峻挑战，同时又面临难得的机遇。作为以经管学科为主的财经类大学，如何坚持科研服务社会、服务人才培养的方向，主动适应实施创新驱动战略的要求，自觉对接国家和区域重大战略需求，充分发挥在经济和管理研究领域的优势，为国家和区域经济社会发展提供更大智力支持、培养更多高质量人才，一直是财经类大学更好履行使命的重要职责。《论丛》的出版，从某种程度上应和了这种趋势和需求，同时，展现了山东财经大学"特色名校工程"的建设成效和进展，对激励学者潜心研究、促进学术繁荣发展、加强对外学术交流和扩大学校社会影响具有重要推动作用。

作为山东财经大学从事财经教育和人文社科研究的青年学者，都要积极应对和研究时代赋予的重大命题，以求是创新的精神风貌，遵循科研规律，坚持教研相长，长于独立思考，善于团结协作，耐得住寂寞，放得下功利，才能不断推进学术创新，勇攀科学高峰，孕育无愧于时代的精品力作，努力成为社会科学创新的新生力量。

《论丛》的出版凝结了山东财经大学青年学者的心血和汗水，尽管可能存在一些不足，但是正如哲人所言"良好的开端就成功了一半"。相信只要青年学者们持之以恒，不辍耕耘，必能结出更加丰硕的成果。伴随着中国经济发展、改革和转型步伐的加快，我们期待着有更多更好的学术成果问世！真诚欢迎专家、同行和广大读者批评指正。

山东财经大学校长

2016 年 5 月 17 日

序

郡县治则天下安。县域经济是国民经济的基石。经济是金融的基础，金融是经济的核心。抓金融就是抓经济的"牛鼻子"，这是区域经济特别是县域经济发展的关键。农村金融的主体范畴应是县域金融，无论其体系构建、机制、产品与服务创新以及生态建设等问题均应以县域金融为主体。县域金融作为执行和实施金融政策的终端环节，全面落实国家相关金融政策，充分运用其具有融通资金、配置资源、参与社会管理等重要功能，促使金融资源的集聚对于县域经济的转型发展具有重要推动作用。实践表明，我国县域金融集聚状况及其与县域经济的互动关系存在显著差异。部分县域依靠区位、资源等优势条件实现了经济的率先起步，金融资源呈现加速集聚趋势，为产业结构升级和经济转型提供了进一步支持，金融与经济之间呈现出良性互动局面，也有部分县域依然徘徊在粗放的发展路径当中，饱受金融资源流失之苦。

在财政分权制度下，为实现区域产业的转型升级和经济的持续增长，地方政府会积极干预金融产业发展和金融集聚进程。在争夺金融资源的竞争中，县级地方政府全方位、多渠道展开了对地方金融市场和金融行业的干预，如大力引进和新设金融机构、优化金融生态环境等政策措施有效提高了地方经济对金融资源的吸附能力，提高了当地的金融集聚水平。但是，政府干预对金融产业发展和金融集聚既有积极作用，也有消极影响。诸如"信贷奖励""坏账核销奖励"等盲目、过度甚至以邻为壑的"招商引资"式金融政策极易引发县域之间的跟风效仿甚至恶性竞争。由此，深入探讨县域金融集聚形成机理与影响因素，系统调研政府竞争视角下地方政府的金融干预政策会在县域内和县域间对金融集聚产生的效应，协调地方政府之间的竞争关系，重在提高金融资源在县域经济发展中的配置效率，始终是提高县域经济发展速度与质量的一个重大课题。

冯林博士基于空间关联视角，对上述问题进行了深入探讨。呈现在大家面前的《政府竞争视角下政府干预与县域金融集聚研究》一书是在他主持完成的国家自然科学基金青年项目"政府竞争视角下县域金融集聚演进及政策优化研究"（项目编号：71303139）结题成果基础上修缮而成。该书以县域为基本研究单位界定了县域金融集聚的基本内涵，基于空间关联视角并借助空间计量方法，检验了县域金融集聚的空间关联效应，分析了县域金融集聚的主要影响因素在县域内和县域间的空间溢出效应，揭示了政府竞争视角下，政府干预对县域内和县域外金融集聚呈现相反的溢出效果；在此基础上，提出了优化县域金融政策，协调县域之间的政府竞争关系，稳健推进县域金融集聚的政策建议。主要研究结论及创新之处包括：

一是全局空间自相关检验结果表明，我国县域金融集聚明显偏离空间随机分布，相邻或者相近县域的金融集聚存在空间关联效应。县域金融集聚与县域经济的发展，政府公共服务水平的提高和政策支持力度以及地方投资水平及人力资本水平密切相关。经济基础和政府干预在提高县域内金融集聚水平的同时降低了县域外金融集聚水平，从而导致县域金融集聚水平呈现此消彼长的状况。

二是研究发现，县域金融集聚水平的提高对县域外金融集聚水平具有促进作用。政府干预对县域内金融集聚存在正向空间溢出效应，对县域外金融集聚产生了负向空间溢出，对县域金融集聚的总效应明显小于直接效应，正向的直接效应被负向的间接效应削弱。县域金融集聚具有时间滞后效应。

三是研究提出，现阶段地方政府干预仍然是促进金融集聚的重要因素，但需要该明确自身在地方金融改革与发展中的职能边界。应加快金融市场改革与发展的顶层制度设计，由中央政府统筹协调金融市场制度建设，避免地方政府在此类政策上的"各自为战"及"事倍功半"。应构建统一的金融要素市场尤其是直接融资市场，提高金融资源流动性，鼓励金融资源在更大的范围内流动并发挥正向溢出作用等。

综上，该书拓展了金融集聚的研究视角，丰富了空间计量法的应用范围，诸多研究结论及提出的政策性建议应时，不仅对于农村金融学者具有参考价值和借鉴意义，对于从事县域经济与金融工作的同仁也富有实践应用价值。当然，由于该书选题以及研究目标所限，其中存有许多尚待深入研究的层面和不足，期待各位同仁多加批评与指正！供职于高校集教学、科研与社会服务一身的青年教师，能较执着地追索既定研究方向并取得一定成果，作为他的导师倍感欣慰，同样期待着他在该范畴内进一步深入研究与探讨。

王家传

2017 年 10 月 23 日于泉城济南

前　言

县域经济是国民经济发展的重要基石，也是一个时期我国经济发展的主要潜力。目前，我国县域总人口、生产总值分别占到全国的 70% 和 60% 左右，在我国经济社会发展中具有举足轻重的地位。金融业具有融通资金、配置资源、参与社会管理等重要功能，金融资源的集聚对于县域经济的转型发展具有重要推动作用。当前我国县域金融集聚状况及其与县域经济的互动关系存在显著差异。部分县域依靠区位、资源等优势条件实现了经济的率先起步，金融资源呈现加速集聚趋势，为产业结构升级和经济转型提供了进一步支持，金融与经济之间呈现出良性互动局面，也有部分县域依然徘徊在粗放的发展路径当中，饱受金融资源流失之苦。

为实现当地产业的转型升级和经济的持续增长，地方政府运用各种政策手段干预金融产业发展，加速金融集聚过程，因此政府干预是金融集聚的重要推动因素。财政分权背景下，地方政府面临经济增长和政治晋升压力，地方政府会积极干预金融产业发展和金融集聚进程。在争夺金融资源的竞争中，县级地方政府全方位、多渠道展开了对地方金融市场和金融行业的干预，如大力引进和新设金融机构、优化金融生态环境等政策措施有效提高了地方经济对金融资源的吸附能力，提高了当地的金融集聚水平。但是，政府干预对金融产业发展和金融集聚既有积极作用，也有消极影响。

空间经济学认为，地区之间存在普遍的经济联系，县域金融集聚亦可能存在空间关联效应，尤其是政府竞争视角下，地方政府迫于竞争压力，其干预的政策选择具有短期化和自利性倾向，虽然在短期内可以提高本县域金融集聚水平，但可能对其他县域产生不利影响，即产生负向空间溢出效应，长期来看会对县域金融集聚形成不利影响。当前县级地方政府普遍出台的诸如"信贷奖励""坏账核销奖励"等盲目、过度甚至以邻为壑的"招商引资"式金融政策极易引发县域之间的跟风效仿甚至恶性竞争。

那么县域金融集聚是否存在空间关联效应？其形成机理是什么？影响县域金融集聚的因素有哪些？其在县域内和县域间对金融集聚产生何种影响？政府竞争视角下地方政府的金融干预政策会在县域内和县域间对金融集聚产生何种溢出效应？体现了县级地方政府之间的何种竞争关系？如何协调地方政府之间的竞争关系以更好地促进地区整体金融集聚水平的提高？以上问题的回答对于提高县级地方政府金融竞争政策的科学性，提升县域金融竞争策略的协调性，最终构建差异化和区域协调的县域金融政策体系具有紧迫性和重要性。

围绕上述问题，本书第3章首先阐明了县域金融集聚的空间关联效应、县域金融集聚的影响因素及其空间溢出效应的理论机理并构建相应的分析框架，进而提出了本书的三个基本理论假说：（1）县域金融集聚水平在地理空间上并非呈现随机分布，而是与其地理位置密切相关，即存在空间关联效应。（2）空间关联背景下，县域金融集聚的主要影响因素的空间溢出是县域金融集聚产生空间关联的重要原因，经济基础、政府干预、投资水平及人力资本等影响因素不仅对县域内金融集聚产生影响，也会对县域外金融集聚水平产生影响。（3）政府干预对县域金融集聚存在空间溢出效应。政府竞争视角下地方政府在金融干预政策的选择上存在自利倾向，从而对县域内和县域外的金融集聚产生截然相反的溢出效果。

围绕上述三个基本理论假说，本书实证部分研究内容及结论如下：

第一，县域金融集聚空间关联效应。本书第4章运用探索性空间数据分析方法和2002～2014年全国1895个县的数据对我国县域金融集聚的空间关联效应进行实证检验。全局空间自相关检验结果表明，无论是空间邻接矩阵还是空间距离矩阵下，我国县域金融集聚明显偏离空间随机分布，表明相邻或者相近县域的金融集聚存在空间关联效应。局域空间自相关检验结果再次印证了上述结论，并且进一步反映出县域金融集聚水平的空间分布特征，即具有较高金融集聚水平的县域在地理上相互临近，而具有较低金融集聚水平的县域在地理上相互临近。上述结论同时意味着县域金融集聚的影响因素也可能存在空间溢出效应，因此在进一步分析县域金融集聚影响因素时不能忽略空间溢出效应的影响。

第二，县域金融集聚影响因素空间计量分析。本书第5章应用山东省2004～2012年90个县域的面板数据，采用空间杜宾模型，衡量各个解释变量对金融集聚的影响，研究发现：（1）经济基础、政府干预、投资水平以及人力资本等因素均能够提高县域内金融集聚水平，表明县域金融集聚与县域经济的发展，政府公共服务水平的提高和政策支持力度以及地方投资水平及人力资本水平密切相关，体现了金融与经济存在良性互动关系以及知识和技术对金融集聚水平提高的有力支撑。（2）经济基础和政府干预在提高县域内金融集聚水平的同时降低了县域外金融集聚水平，一方面表明县级层面金融资源相对匮乏，另一方面表明县域金融政策存在"非合作型"竞争，从而导致县域金融集聚水平呈现此消彼长的状况。而投资水平和人力资本水平则促进了地区总体金融集聚水平的提高，地方政府应该加强金融政策的区域间协调与和合作，通过推动区域投资和人力资本合作来促进区域整体金融集聚水平的提高。

第三，政府干预县域金融集聚的空间溢出效应实证分析。本书第6章首先利用全国1895个县（市）2002～2014年的面板数据，通过构建静态和动态空间面板杜宾模型，实证检验政府干预对县域金融集聚的空间溢出效应，揭示政府干预对金融集聚在县域内和县域间的不同影响。然后利用山东省90个县2004～2012年的面板数据，采用空间杜宾模型进一步验证第6.1节基本结论，并在此基础上借助多样化的空间权重矩阵，揭示政府干预强度、行政隶属关系及经济水平差异对上述溢出效应的影响。研究发现：（1）县域金融集聚存在空间关联效应，地理上相邻或相近的县域具有相似的金融集聚水平，县域金融集聚水平的提高对县域外金融集聚水平的提高具有促进作用。（2）政府干预对县域内金融集聚存在正向空间溢出效应，对县域外金融集聚产生了负向空间溢出，意味着县级地方政府的金融政策削弱了县域外的金融集聚水平。（3）政府干预对县域金融集聚的总效应明显小于直接效应，表明正向的直接效应被负向的间接效应削弱，揭示了县级地方政府围绕金融资源存在非合作竞争关系。（4）县域金融集聚具有时间滞后效应，其受到上期金融集聚水平的积极影响。（5）地理上临近、政府干预水平和财政实力相当的县域之间竞争更为激烈，而同属一个地级市的县域间则呈现出合作关系。

在上述研究结论基础上，本书提出了优化县域金融政策，协调县级地方政府竞争关系，促进县域金融集聚良性互动的政策建议：

第一，当前阶段地方政府干预仍然是促进金融集聚的重要因素。对于各级地方政府而言，应该明确自身在地方金融改革与发展中的职能边界，避免对金融市场和金融机构的直接微观干预，更多地发挥政府的"市场增进"功能，维护金融市场公平竞争环境，为金融市场的发展提供良好的外部环境，放大政府干预在区域内和区域间的正向溢出效应。对于较高层级的地方政府而言，在增进本级政府沟通协调的同时还应该加强对下一级地方政府的"父辈协调"，着力于构建地区间竞争的良性机制。

第二，加快金融市场改革与发展的顶层制度设计，由中央政府统筹协调金融市场制度建设，如构建全国统一的征信信息系统、进一步推进产权制度改革等等，避免地方政府在此类政策上的"各自为战"及"事倍功半"。同时改革地方政府及其行政官员考核机制，避免出现为追求短期金融集聚业绩而干预金融市场微观运行机制的"懒政"，引导地方政府由负向溢出效应较强的"支出竞争"向正向溢出效应突出的"制度竞争"转变，提高金融集聚质量，助推经济结构转型。

第三，尽管政府干预仍然是当前金融集聚的重要推动力量，但是也不可忽视影响金融集聚的其他因素，如加快推进县域经济结构调整和经济增长方式转型，提高县域产业集聚水平及其对周边地区的辐射带动作用，利用产业集聚带动县域金融集聚；加大优势产业扶持力度，提高基础设施建设水平，使其在更大的区域内发挥更强的正向溢出作用；提高地区教育水平，完善和落实金融人才发展政策，发挥人力资本对金融创新的基础性作用，为人力资本在区域间的正向溢出创造条件；构建统一的金融要素市场尤其是直接融资市场，提高金融资源流动性，鼓励金融资源在更大的范围内流动并发挥正向溢出作用。

本书的创新之处包括：一是研究视角的创新。本书基于空间关联视角观察县域金融集聚的空间分布规律，阐述县域金融集聚影响因素，分析政府竞争视角下政府干预对县域金融集聚的影响，考虑了地区之间的相互联系及互动关系，从而有助于得出不同于以往的研究结论。二是研究方法的创新。本书采用了空间数据分析方法和空间计量模型，即运用探索性空间数据分析方法检验县域金融集聚的空间关联效应，运用空间杜宾模型，在充分考虑县域金融集聚影响因素尤其是政府竞争视角下政府干预的空间溢出效应基础上分析这些因素对县域金融集聚的影响。三是研究结论的创新。本书以县域为基本研究单位，界定了县域金融集聚的基本内涵，检验了县域金融集聚的空间关联效应，分析了县域金融集聚的主要影响因素在县域内和县域间的空间溢出效应，揭示了政府干预对县域金融集聚在县域内和县域间不同的溢出效果及政府间的非合作竞争关系。

本书的理论意在于，一方面在政府竞争视角下研究政府干预等因素影响县域金融集聚的空间溢出效应，拓展了金融集聚的研究视角，另一方面将地方政府竞争理论及金融集聚理论的应用引入县域金融领域，深化了金融集聚理论的研究层次，最后，将空间计量方法引入政府干预金融集聚过程中，以此揭示政府之间的竞争关系，丰富了空间计量方法的应用范围；实践意义方面，本书的主要研究结论对于提高县级地方政府金融竞争政策的科学性，提升县域金融竞争策略的协调性，促进县域金融集聚良性互动，最终构建差异化和区域协调的县域金融政策体系具有指导意义。

目　录

第1章 导 论

1.1 研 究 主 题

1.1.1 研究背景

县域经济是国民经济发展的重要基石，也是一个时期我国经济发展的主要潜力。目前，我国县域总人口、生产总值分别占到全国的70%和60%左右，在我国经济社会发展中具有举足轻重的地位。金融业具有融通资金、配置资源、参与社会管理等重要功能，因此金融资源对于县域经济的转型发展具有重要推动作用。但是当前县域金融的集聚状况及其与县域经济的互动情况存在明显的地区差异。部分县域依靠区位、资源等优势条件实现了经济的率先起步，吸引了大量的金融和信贷资源，为产业结构升级和经济转型提供了进一步支持，金融与经济之间呈现出良性互动局面，也有部分县域依然徘徊在粗放的发展路径当中，饱受金融资源流失之苦，经济转型步履维艰。同时，长期支撑县域经济高速发展的土地红利、人口红利和环境红利目前正逐渐收窄，高污染、高能耗、低附加值的传统产业面临严峻挑战，经济发展的环境压力陡增，为实现产业的转型升级和经济的可持续增长，地方政府运用各种政策手段干预金融产业发展并加速金融集聚过程。

在争夺金融资源的竞争中，县级地方政府全方位、多渠道展开了对地方金融市场和金融行业的干预，如推动农村土地和林地承包经营权确权登记颁证等工作的落实，完善地方产权制度；加强信用体系建设，建立信用管理系统，打击恶意逃废银行债务行为，提高政府增信水平；引进股份制银行和城市商业银行、推进本地城市商业银行和农村商业银行改制、新增设立村镇银行和小额贷款公司等地方金融机构和地方金融组织；引导金融机构创新服务模式、提高服务水平等等，上述政策有效提高了当地的金融集聚水平。但与此同时，国内县级地方政府还普遍出台了诸如"信贷奖励""坏账核销奖励"等政策，这些政策极易引发县域之间的跟风效仿甚至恶性竞争，从侧面反映出县级政府忽视制度环境优化、追求短期效益的发展路径，暴露了县级政府对金融资源运行规律的忽视和政府职能的错位，长此以往不仅会加重政府财政负担，更容易扰乱金融秩序，放大系统性风险。

1.1.2 问题提出

现有理论及实证研究表明，政府干预是金融集聚的重要推动因素。由于金融产业发展对经济增长具有促进作用，而且财政分权背景下地方政府面临经济增长和政治晋升方面的竞争压力，所以地方政府会积极干预金融产业发展和金融集聚进程。但是，政府干预对金融产业发展和金融集聚既有积极作用，也有消极影响。尤其在政府竞争背景下，地方政府干预的政策选择往往具有短期化和自利性倾向，这在短期内可以促进金融产业的发展，但从长期来看，这种行为会对金融集聚的整体进程产生不利影响。

已有文献在金融集聚的影响因素、政府干预经济金融的动机和行为特征方面进行了广泛探讨，这为本书的研究奠定了理论基础，但是有关政府干预对金融集聚的影响，国内外学者大多基于空间独立视角去探讨，对地区之间的空间关联效应关注不足。此外，现有研究在政府干预和金融集聚方面亟待向县域层面拓展。空间经济学认为，地区之间存在普遍的经济联系，那么县域之间的金融集聚水平是否存在空间关联效应？其形成机理是什么？影响县域金融集聚的因素有哪些？其在县域内和县域间对金融集聚产生何种影响？政府竞争视角下地方政府的金融干预政策会在县域内和县域间对金融集聚产生何种溢出效应？体现了县级地方政府之间的何种竞争关系？如何协调地方政府之间的竞争关系以更好地促进地区整体金融集聚水平的提高？以上问题将是本书的研究需要回答的问题。

1.1.3　研究目标及意义

本书研究的理论目标是在空间关联视角下，探究县域金融集聚的空间关联效应、县域金融集聚的影响因素及其空间溢出效应的理论机理，并构建相应的分析框架。实践目标是检验县域金融集聚的空间关联效应，分析县域金融集聚影响因素的空间溢出效应，揭示政府竞争视角下政府干预在县域内和县域间存在的不同溢出效果，进而为优化县域金融政策、协调县级地方政府金融竞争关系提供相应的政策借鉴。因此，本书的理论意义包括：一方面在政府竞争视角下研究政府干预等因素影响县域金融集聚的空间溢出效应，拓展金融集聚的研究视角，另一方面将地方政府竞争理论及金融集聚理论的应用引入县域金融领域，深化金融集聚理论的研究层次，最后，将空间计量方法引入政府干预金融集聚过程中，以此揭示政府之间的竞争关系，丰富了空间计量方法的应用范围；本书的实践意义在于其研究结论对于提高县级地方政府金融竞争政策的科学性，提升县域金融竞争策略的协调性，促进县域金融集聚良性互动，最终构建差异化和区域协调的县域金融政策体系具有指导意义。

1.2　概　念　界　定

1.2.1　县与县域金融

1. 县

县是我国行政区划中的基本层次和基本单位之一。我国的县制萌芽于西周，产生于春秋，发展于战国，定制于秦朝，发展至当代。在两千多年的历史演变进程中，尽管社会政治经济制度、社会经济结构和行政区划等经过多次演变和调整，但县域始终是中国政治经济系统中基本、完整的经济单元，其建制一直延续至今。古语云"县积而郡，郡积而天下。郡县治，天下无不治。"历朝历代许多有为的政治家，都始终将县郡的发展与治理作为治国安邦最基础的工作。在"民为邦之本，县乃国之基。安邦之难，难在固本；治国之艰，艰在强基。"等治国格言的背后，都隐含着历史发展的内在规律：县域经济发展在整个国家经济生活中起着固本强基的作用，县域的治理是社会稳定和国家长治久安的根本大计（王旭红，2009）。《中华人民共和国宪法》第30条规定：中华人民共和国的行政区域划分如下：全国分为省、自治区、直辖市；省、自治区分为自治州、县、自治县、市；县、自治县分为乡、民族乡、镇。直辖市和较大的市分为区、县。自治州分为县、自治县、市。由此，本书所指的县，是以县城为中心、乡镇为纽带、农村为腹地的行政区划内的地理空间，具体包括了县、自治县、县级市以及具备县域经济特征的区。根据国家统计局统计，截至2015年底，我国共有县级区划2850个，其中具备县域经济特征的市辖区921个，县级市361个，县1397个，自治县117个（如表1-1所示）。

表1-1　　　　　　　　　我国县级行政单位数量

年份		2015	2014	2013	2012	2011	2010
县级区划数（个）		2850	2854	2853	2852	2853	2856
其中	市辖区数（个）	921	897	872	860	857	853
	县级市数（个）	361	361	368	368	369	370
	县数（个）	1397	1425	1442	1453	1456	1461
	自治县数（个）	117	117	117	117	117	117

数据来源：国家统计局网站，http://data.stats.gov.cn。

2. 县域金融

（1）县域金融的定义。县域金融是指金融机构以县级行政区划为地理空间开展金融中介服务和提供融资活动的总称，既包括县域金融的组织机构，也包括县域金融组织机构的业务活动，包括银行业、保险业、证券业和租赁业等金融行业在县域提供的结算、咨询、融资、保险、投资经纪、租赁等业务；既包括正规金融组织机构及其金融业务，也包括非正规金融组织机构及其金融业务；既包括金融机构、金融工具、金融市场，也包括与之配套的管理体制。

（2）县域金融的特征。从空间范围来看，县域金融具有区域性和差异性。区域金融是指宏观金融体系在空间上的分布与运行，在外延上表现为具有不同形态、不同层次和金融活动相对集中的若干金融区域，而县域金融就是其中最基本的区域，因此县域金融表现为一个相对完整的地理单元，金融是其内容，县域是其空间表现形式。由于县域之间在地理位置、交通与通讯设施、经济结构、市场规模等硬环境方面以及区域经济与金融政策、地方法规、税收制度、历史与文化背景、居民金融意识等软环境方面的差异，县域金融呈现出明显的差异性和不平衡性。

从服务对象来看，县域金融具有全面性和层次性。县域金融服务于县域第一、第二、第三产业的各类经济主体，不仅包括大中型企业和城镇居民，而且涵盖了大量小微企业和"三农"客户群体，如涉农企业、农民专业合作社和农户等。因此，县域金融也是农村金融的重要载体。农村金融指的是一切与农村货币流通和信用活动有关的各种经济活动。因此农村金融的研究范围局限在农村区域，相对县域更为狭窄。但是两者在实践层面有着高度的重合：首先，县域范畴涵盖了农村，而且一般来说农村是县域的主要组成部分，因此更确切地说，县域金融的主要内容就是农村金融；其次，在实践层面，我国将农村金融界定为"县及县以下金融机构及其金融交易活动"，并以此作为制定实施相关政策的依据。

从组织机构来看（如图1-1所示），县域金融兼具一般性和特殊性。县域金融涵盖了我国主要金融机构类型，是各类全国性金融机构的神经末梢，如大型国有股份制商业银行、股份制商业银行、城市商业银行和政策性银行的支行、证券公司的营业部、保险公司的支公司，以及中国人民银行、中国银行业监督管理委员会等监管部门的县级支行和监管办公室等等。与此同时，县域金融还拥有大量小型金融机构和金融服务组织以及地方金融监管部门，因而相对于城市金融具有特殊性，如农村信用社、农村合作银行和农村商业银行等传统金融机构，村镇银行、贷款公司、农村资金互助社等新型农村金融机构，小额贷款公司和民间资本管理公司等金融服务组织（又称"类金融机构"），民间融资登记服务中心和农村产权交易所等中介服务机构，依托农民专业合作社的合作金融组织，地方政府金融办、金融监管局等地方监管机构。

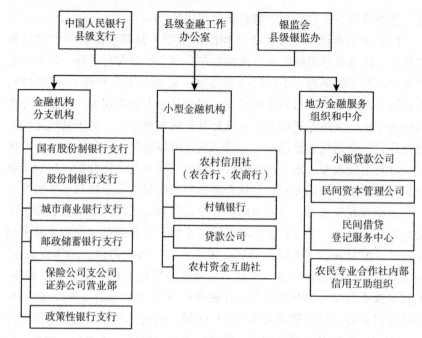

图 1 - 1 县域金融组织机构体系

从经济功能来看，县域金融具有适应性和引领性。金融作为经济发展的重要推动力，不仅直接反映经济的区域性特征，而且能够通过金融的区域化运行推动区域经济的发展。县域经济是国民经济的基本单元，县域经济的结构特点和发展阶段决定了县域金融发展的水平和结构，因此县域金融与县域经济的发展相适应。同时，县域金融的发展不仅能够为县域经济活动中的生产、流通、消费和分配提供支持和保障，而且能够提升县域经济发展层次，对县域经济发展具有引领性。

从资源流动上看，县域金融具有稀缺性和竞争性。县域经济总体发展水平落后于城市地区，总体来看县域金融资源呈现净流出状态，因此金融资源的纵向流出使县域金融呈现稀缺性特征。金融资源总体稀缺条件下，地方政府的能动性也使县域金融具备了竞争性特点。虽然县域金融接受国家总体金融政策的指导，但是财政分权条件下县级地方政府具备一定的独立性和能动性，经济增长和官员晋升的压力引发了横向层面的县域金融竞争。

1.2.2　金融集聚与县域金融集聚

1. 金融集聚

（1）金融集聚的理论溯源。金融集聚的概念源于产业集聚（Industrial Agglomeration），马歇尔（A. Marshell，1988）较早提出了集聚经济的思想并从地方工业区形成的现象中总结出集聚效应的存在。此后波特（Porter，1990）指出产业集聚是一组在地理上接近的相互联系的企业及相关机构，这些企业和机构同处于某一特定的产业领域，由于需求供应的共同性和互补需求而集聚在一起，即产业在地理空间上的集中。作为新经济地理学的代表人物，克鲁格曼（Krugman，1999）从动态的角度研究经济活动的集群过程，认为集聚就是经济活动的集群过程，通过某种循环逻辑创造并维持。

金融业是产业的重要分支，而金融集聚是产业集聚的伴随物，并随着产业集聚的形成而发展。白钦先（2001）指出，区域经济的发展为金融产业集聚成长提供了条件和空间，同时，金融产业的集聚也为区域经济的发展提供了内在动力。随着区域经济规模水平的不断提高，与之相伴的各项金融业务的规模和范围不断扩大。与此同时，金融业也不断发展壮大起来，当特定地区的金融服务需求达到一定规模时，金融集聚便会应运而生。张凤超（2006）基于金融资源论提出金融地域运动的概念指出了金融集聚的形成过程，他认为由于金融资源在空间地域的分布表现出非均质或不连续的特点，正是由于这种初始的地域差异性，引发了金融地域运动。中心城市是金融地域运动的结节点，金融资源在中心城市集聚成金融产业，而金融产业成长水平的差异导致了各中心城市金融职能的分工，中心城市逐次递进为金融支点、金融增长极和金融中心等城市类别，承担和发挥各自的金融功能。

（2）金融集聚的定义。对于金融集聚的定义，目前理论界尚未就此达成一致，相关学者主要从动态角度或静态角度来界定。其中，动态角度如梁颖和罗霄（2006）认为金融集聚就是指一国的金融监管部门、金融中介机构、跨国金融企业、国内金融企业等具有总部功能的机构在地域上向特定区域集中，并与其他国际性（跨国）机构、跨国公司、国内大型企业总部之间存在密切往来联系的特殊产业空间结构。滕春强（2006）认为金融产业集群是具有空间地理接近性、行业互动性、社会接近性的金融企业及其相关辅助产业，通过金融资源与地域条件协调、融合、组合的时间和空间的动态变化，达到一定规模和集聚程度的介于金融市场组织和金融企业的一种中间网络组织。静态角度如黄永兴等（2011）认为金融集聚是金融机构和从业人员的大量聚集，金融业增加值的快速增长以及其他金融要素的集聚。

也有学者同时从动态和静态两个角度界定金融集聚的内涵。如黄解宇和杨再斌（2006）指出金融集聚既是一个过程，又是一个状态和结果。即金融资源与地域条件协调、配置、组合的时空动态变化，金融产业成长、发展，进而在一定地域空间生成金融地域密集系统的变化过程是金融集聚的动态过程；金融集聚还可定义为经过上述过程后，达到一定规模和密集程度的金融产品、工具、机制、制度、法规、政策文化在一定地域空间有机结合的现象和状态。丁艺等（2009）认为金融企业集群是金融资源与特定地理条件协调、配置、组合的时空动态变化，是金融产业成长与发展，进而在一定地理空间生成金融地域密集系统的变化过程及结果。金融企业集群首先是一个动态过程，某个地区如何形成这样一种集聚力，金融资源流向该地区的动因，从初步集聚到快速，再到最终的扩散效应的出现。换一个角度，金融企业集群又是一个静态的结果。金融企业集群是经过上述过程后，在金融市场、金融机构、金融产品、金融人才等金融资源上达到一定的规模和密集度，金融中心就是金融企业集群化发展一个典型的结果。汪潇和姚辉（2011）认为金融集聚在静态上表现为一定规模和密度的金融产品、机构、制度等在一定地域空间的有机组合；动态上可以看作是金融运动的地域选择、金融效率的空间调整；从承担功能上表现为金融中心所在城市通过金融扩散将资源配置到周边较为落后的地区，同时实现资金、技术、人才、信息、观念的共享。作为动态过程，金融集聚的内涵如图 1-2 所示。作为结果、金融集聚的内涵如图 1-3 所示。

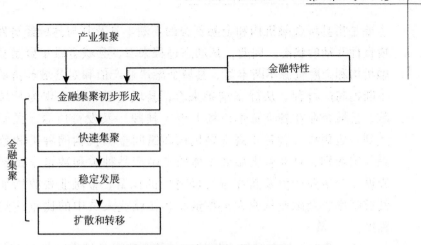

图 1-2 金融集聚的内涵（作为动态过程）

资料来源：黄解宇和杨再斌：《金融集聚论——金融中心形成的理论与实践解析》，中国社会科学出版社 2006 年版。

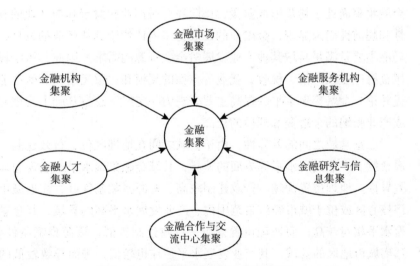

图 1-3 金融集聚的内涵（作为结果）

资料来源：黄解宇和杨再斌：《金融集聚论——金融中心形成的理论与实践解析》，中国社会科学出版社 2006 年版。

2. 县域金融集聚

（1）县域金融集聚的定义。借鉴已有文献对金融集聚内涵的理论研究与县域金融产业的发展实际，本书认为目前阶段的县域金融集聚主要是指县域金融机构和金融资源的不断丰富及其与县域经济发展形成良性互动的状态。因此，从动态过程来看，县域金融集聚是县域金融机构和金融资源不断丰富、县域金融产业产值和对县域经济的贡献不断提高的过程。从静态结果来看，县域金融集聚表现为县域存贷款、县域企业在各类资本市场上市（挂牌）及发行债券、民间融资达到一定规模，各种正规金融机构和民间金融机构的种类和数量达到一定级别，针对各类服务主体的金融产品种类和数量丰富到一定程度，金融业产值及其在国民经济中的比重、金融业税收增加值及其贡献率、金融业从业人员数量及其在就业人员中的比重达到一定程度。

（2）我国县域金融集聚的特征。结合我国县域金融发展现状，我国县域金融集聚呈现出如下特征：

一是集聚阶段的初级性。与城市地区的金融集聚相比，县域层面的金融集聚尚处于初步形成阶段，该阶段金融产业相对于其他产业的独立性和超前性尚未显现，金融业的发展更多地依赖于其他产业的发展，其功能主要是满足县域其他产业发展对金融资源的需求。因此，该阶段县域金融产业在产值、税收、就业等方面的规模和比重无法和其他产业相提并论，金融集聚水平的提高主要表现为一定经济总量基础上县域经济或产业吸纳的金融资源规模的提高。

二是县域之间的差异性。由于县域之间在地理区位、行政建制、资源禀赋、产业发展水平等方面的差异，县域金融集聚水平也呈现明显的差异性。地理位置优越、行政建制较高、资源禀赋条件好、靠近城市经济核心区或位于城市经济带范围内、产业发展水平高的县域，其金融集聚水平相对较高；而地理位置偏僻、行政建制较低、资源禀赋条件差、远离城市地区的县域，其产业发展水平往往也较低，进而导致较低的金融集聚水平。

三是地理空间的关联性。地理位置相邻或相近的县域间具有相似的地理区位特征、资源禀赋条件和产业集聚方向，相邻或相近的县域更容易形成产业上的分工合作、政府之间的竞争和扶持政策的学习效仿，因此其金融集聚水平会呈现出空间关联性，即县域金融集聚水平在地理空间上呈现高－高、高－低、低－高、低－低四种分布状态。

1.2.3 地方政府与地方政府竞争

1. 地方政府

从政府组织的角度，可以将政府划分为中央政府和地方政府。科尔和波恩（Cole and Boyne，1995）认为地方政府是由民主选举而产生的机构，它的管辖权限仅限于当地范围并通过授权获得地方税收权以及地方公共服务供应的自由裁量权。贝利（2006）认为地方政府是由地方选举产生的，在中央政府、省或地区层次以下的民主法治机构，这些地方政府机构负责向其管辖区域内的人口提供公共服务。地方政府的界定主要通过政府的自治程度来判断，联邦制国家如美国的州享有高度的自治权，属于次级中央政府机构，所以州以下层级的政府被视为地方政府，而单一制国家中地方政府需要根据各级政府的自治权确定，自治程度较高政府层级以下的政府即属于地方政府。根据2004年修订的《中华人民共和国地方各级人民代表大会和地方各级人民政府组织法》规定，省（自治区、直辖市）及其以下各级政府均属于地方政府，因此，我国地方政府包括省（自治区、直辖市）、市（自治州）、县（自治县、县级市、市辖区）、乡（民族乡、镇）四个层级。

2. 地方政府竞争

（1）地方政府竞争的理论溯源。公共经济学范畴内的政府竞争主要是指一个国家范围内地方政府之间的竞争，即"辖区竞争"，该问题源于财政分权和要素的自由流动。其中，财政分权是指给予地方政府一定的税收权力和支出责任范围，并允许地方政府自主决定其预算支出规模与结构，使地方政府拥有合适与合意的财政自主权进行决策。因为信息不对称条件下，中央政府和地方政府在公共品的供给方面各有优势，所以在不同层级的政府之间进行分工可以最大化公共品的社会效益。如"财政联邦主义"代表人物马斯格雷夫（Musgrave，1959）认为，地方政府着眼于资源配置，中央政府着眼于通过转移支付来协调地方，追求稳定目标，而施蒂格勒（Stigler，1957）认为地方政府的存在可以解决信息不对称的问题，更好地发现当地居民对公共品的偏好，并且相互之间可以竞争，因而能够实现公共品的有效供给。奥茨（Oates，1972、1999）将上述理论归结为"分权定理"，即给定多级政府和政府间的适度分权，可以通过地方政府竞争实现资源配置效率，通过中央政府协调来实现社会公平，从而做到两者的内在统一。可见，财政分权是政府竞争的前提条件之一。

地方政府的竞争还需要另外一个前提条件，即要素的自由流动。财政分权和要素自由流动的条件下，地方政府之间就会出现竞争，而地方政府竞争的这种必然性最早被蒂伯特（Tiebout，1956）发现，他认为居民可以在提供地方性公共产品的区域间自由流动，如果存在足够多的区域，居民就可以通过对居住地的选择显示出自己对公共产品的真实偏好。当居民不满意这一地方政府提供的公共物品的质量和数量时，居民就会"用脚投票"，离开这一区域而选择公共产品的质量和数量符合其偏好的区域来居住。如果一个辖区试图吸引更多的居民进驻，就必须提供具有吸引力的公共服务，因此只要居民可以择区而居，那么各辖区的政府之间就会出现竞争，这就是著名的"蒂伯特假说"。在蒂伯特模型及其后续研究的基础上，很多学者将产业组织理论的原理和模型应用到政府关系的研究当中，形成了相对完整的"辖区竞争理论"，可见蒂伯特模型是政府竞争理论的起源。

（2）地方政府竞争的定义。布雷顿（Breton，1991、1996）最早针对美国、加拿大的联邦制特点系统提出了"竞争性政府"（Competitive Governments）的概念，他认为如果某个辖区的市民运用其他辖区的政策执行信息来评价和推断自己政府的绩效，那么这个过程就会增加本地的选举竞争，因此刺激当地的官员更加注意追求当地市民的利益，在联邦制国家中，政府间关系总体上来看是竞争性的，政府之间、政府内部部门之间以及政府与政府之外行为主体之间迫于选民和市场主体（企业等经济主体以及工会等非经济主体）的压力，必须供给合意的非市场供给的产品和服务以满足当地居民和组织的要求。在居民和资源都可以自由流动的前提下，只有那些提供了最优非市场供给产品和服务的政府才能够吸引并稳固居民和资源在当地扎根。类似于企业之间的竞争，政府之间、政府内部部门之间以及政府与政府之外行为主体之间为了提高自身的吸引力，就会围绕居民和资源相互竞争。凯尼恩（Kenyon，1997）将上述布雷顿（Breton，1991、1996）对政府竞争的定义称为

"标尺竞争"。此外，基于美国政府间关系顾问委员会（U. S. ACIR，1991）对政府竞争的定义，即"每个政府试图获取一些稀缺的有益资源，或者试图避免一些特别的成本"，凯尼恩（1997）将州政府通过税收激励和其他经济发展激励来吸引或者留住潜在的流动企业定义为"积极竞争"。据此，本书认为"标尺竞争"这一定义的侧重点是政府竞争的动因，而"积极竞争"这一定义的侧重点是政府竞争的手段或表现。

最早将政府竞争的概念引入国内并结合我国实际展开政府竞争研究的有樊纲（1990）、张维迎与栗树和（1998）、何梦笔（2001）、冯兴元（2001，2002）、周业安（2003）等学者。其中，樊纲在其《公有制宏观经济理论大纲》一书中将地方政府竞争称为"兄弟竞争"，即地方政府之间在投资和货币发行领域的横向竞争以及地方政府和中央政府在某些领域的纵向竞争。张维迎与栗树和（1998）认为我国20世纪80年代初的地方分权政策导致了地区间竞争。何梦笔（2001）开创性地将政府竞争范式用于中国和俄罗斯等国家的政府转型研究中，他认为政府竞争范式不但适用于联邦制国家，也适用于中国这种单一制国家。冯兴元（2001）发现改革开放以来，随着我国地方分权和经济市场化的深入开展，辖区政府间竞争也愈演愈烈，许多辖区政府间竞争现象可以归结到政府间制度竞争，他还借助该框架分析了我国与地方政府竞争有关的市场整合问题（冯兴元，2002）。根据这些学者们的研究，我国的地方政府竞争主要是指在市场经济中各区域经济体中的政府围绕吸引具有流动性的要素展开竞争，以增强各区域经济体自己的竞争优势，即西方学者定义的"积极竞争"。

与此同时，我国地方政府之间也存在类似于西方国家的"标尺竞争"，但与西方国家不同的是，我国地方政府官员有非常强的政治晋升动力，由于我国实行的是政治上的集权与经济上的分权，地方政府是对上负责，因此地方官员是否被提拔很大程度上与他所在地GDP增长率的排名相关，这就形成了一种基于上级政府评价的"自上而下的标尺竞争"：中央政府通过就业、地区经济增长、税收等经济指标来考核地方政府，并间接传递出政治意图，为获得"官场"上晋升的筹码，不同地区的地方官员在经济上为GDP和利税进行竞争，即"政治锦标赛"（周黎安，2004、2007）。

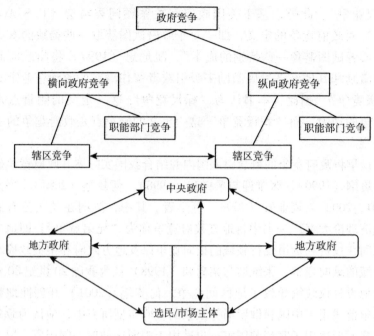

图 1 - 4　地方政府竞争的结构

资料来源：Carsten、Herrmann - Pillath：《政府竞争：大国体制转型的理论分析范式》，载于《广东财经大学学报》2009 年第 24 卷第 3 期，第 4 ~ 21 页。

　　本书主要研究县级地方政府之间为获取金融资源而开展的竞争，因此基于公共经济学理论，采用了周业安和李涛（2013）对政府竞争的定义，即县级地方政府政府为了当地居民的福利最大化，或者经济的发展，或者自身的利益最大化，通过税收、支出、制度和经济政策等手段来吸引其他辖区的要素（资本、劳动、技术等）流入本辖区，并留住本辖区原有的要素，以此引发地方政府之间的竞争。

　　（3）政府竞争的主要类型。根据政府竞争的内容，可以分为税收竞争、服务竞争、管制竞争和经济发展竞争（U. S. ACIR，1991）。周业安和李涛（2013）结合已有文献对上述政府竞争类型做出了进一步的解释，其中税收竞争是指政府之间为了争夺税源而通过税率和补贴等工具实施的策略行为；服务竞争是政府之间围绕公共服务的供给展开竞争，其本质是财政支出竞争；管制竞争是政府之间通过不同的管制政策来争夺生产要素，其本质是制度竞争；而经济发展竞争是指政府之间发展战略或发展政策的竞争。根据政府竞争的主体划分，政府竞争可以分为纵向竞争和横向竞争（Kenyon and Kincaid，1991），前者是指上下级政府之间围绕税基，通过财政工具展开的竞争，后者是指同级政府之间的竞争。按照竞争的性质划分，政府竞争可以分为溢出效应类竞争、税收模仿竞争和标尺竞争（Wilson，1999；Madies，2004；Wildasin，2006），其中溢出效应类竞争指地方政府提供的公共产品或服务可能导致周边地区受益；税收模仿竞争指地方政府采取的税收或支出政策被其他地区模仿；标尺竞争指选民通过比较本地和外地经济政策或公共服务的水平评价地方政府，政府首脑为获得选票会参照外地区制定本地经济政策或提高服务水平。

结合本书的研究主题，下文所指的政府竞争类型从竞争内容上来说涵盖了政府税收竞争、服务竞争、管制竞争等类型，其中政府税收竞争如县级地方政府为扩大金融产业税收增加值、提高金融业税收贡献率而大力发展地方金融市场及相关产业；服务竞争如县级地方政府为吸引金融机构在县域内设立营业网点和扩大金融服务规模而为金融机构提供补贴、奖励、税收优惠等政策，还包括地方政府为实现上述目的而完善基础设施和提高公共服务水平；管制竞争主要指通过出台一系列地方金融市场改革举措以完善县域金融市场、改善地方金融生态环境从而吸引金融资源流入。此外，从竞争的主体来说指的是县级地方政府之间的横向竞争，从竞争性质来说又包括了溢出效应类竞争、税收模仿竞争和标尺竞争等等。

1.3 研 究 内 容

1.3.1 研究方法

1. 调查研究方法

本书研究过程中主要通过实地调查了解当前县级地方政府干预金融

集聚的行为特征、政策手段及其对县域经济金融的影响，为进一步结合政府干预和金融集聚理论搭建本书理论分析框架奠定基础。

2. 规范分析方法

本书在理论分析与研究假说部分使用了规范分析方法，用于阐明县域金融集聚空间关联效应的形成机理、县域金融集聚影响因素的空间溢出机理以及政府竞争视角下政府干预县域金融集聚的空间溢出机理。

3. 空间数据分析及空间计量方法

本书第 4 章至第 6 章主要使用了空间数据分析及空间计量方法。其中空间数据分析方法主要用于检验县域金融集聚的空间关联效应，而空间计量方法主要用于研究县域金融集聚影响因素的空间溢出效应，尤其是政府竞争视角下政府干预对县域金融集聚的空间溢出效应。

1.3.2 技术路线

本书首先对部分县域金融业发展状况及县级地方政府金融政策进行实地调查，建立研究资料基础；对财政分权、政府竞争以及金融集聚相关文献进行搜集整理，建立文献资料基础；对县域经济金融指标和数据资料以及空间关系进行整理，建立研究数据基础。其次围绕金融集聚的影响因素和政府竞争视角下地方政府对经济金融的干预行为及效应展开文献梳理，在此基础上对县域金融集聚的空间关联效应、县域金融集聚影响因素的空间溢出效应、政府竞争视角下政府干预县域金融集聚的空间溢出效应进行理论分析并提出基本研究假说。再次利用空间数据分析和空间计量方法，基于全国及山东省县域数据开展实证研究，分别验证三个基本研究假说。最后在理论及实证研究结论基础上概括全书研究结论并提出优化县域金融干预政策和协调地方政府竞争关系，最终促进县域金融集聚的政策建议。本书具体技术路线如图 1 - 5 所示。

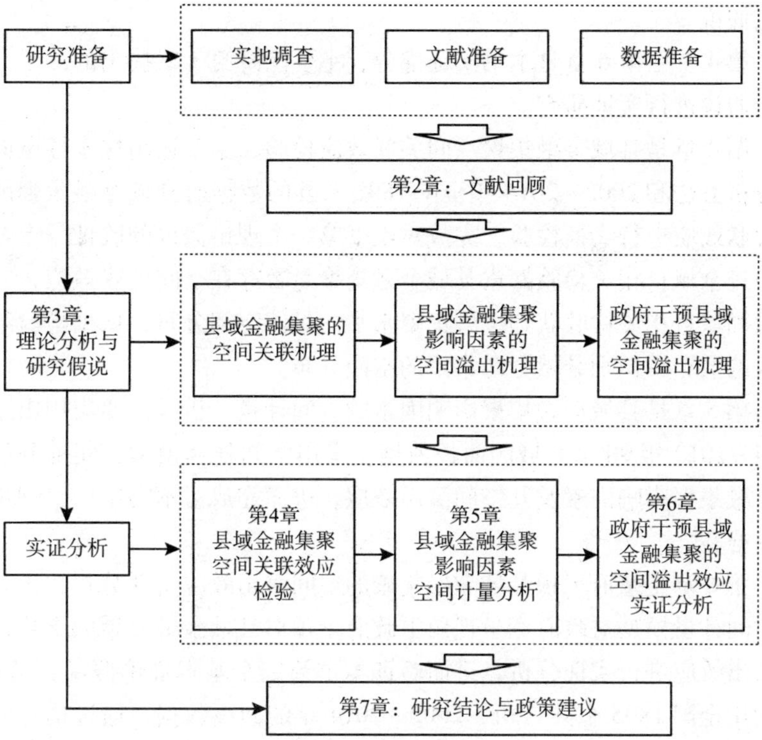

图 1-5　技术路线图

1.3.3　内容结构

本书主体内容共分 7 章。

第 1 章是导论。其中第 1.1 节介绍本书的研究主题，交代本书的研究背景、问题提出及研究目标和意义；第 1.2 节对县域金融集聚、政府竞争等基本概念进行界定；第 1.3 节交代本书的研究方法、技术路线和内容结构；第 1.4 节是本书的基本观点和创新之处。

第 2 章是文献回顾。主要围绕金融集聚的影响因素和政府竞争视角下地方政府对经济金融的干预行为及效应展开文献回顾。

第 3 章是理论分析与研究假说。第 3.1 节阐明县域金融集聚空间关联效应的形成机理；第 3.2 节分析空间关联视角下县域金融集聚影响因素及其空间溢出效应机理；第 3.3 节分析政府竞争视角下政府干预县域金融集聚空间溢出效应；第 3.4 节搭建本书的总体分析框架并提出基本理论假说。

第 4 章至第 6 章是本书实证部分，主要围绕第 3 章提出的三个基本理论假说进行实证研究。

第 4 章是县域金融集聚空间关联效应检验，主要运用探索性空间数据分析方法和 2002～2014 年全国 1895 个县的数据对县域金融集聚的空间关联效应进行实证检验，完成对本书第一个理论假说的验证。本章一是通过全域自相关检验探索县域金融集聚是否存在空间关联效应；二是通过局域自相关检验获知金融集聚水平的具体空间分布，依据检验结果生成的散点图识别县域金融集聚的空间分布。

第 5 章是县域金融集聚影响因素的空间计量分析，主要应用山东省 2004～2012 年 90 个县域的面板数据，采用空间杜宾模型，实证分析县域金融集聚影响因素及其空间溢出效应，进而完成对本书第二个理论假说的检验。

第 6 章是政府干预县域金融集聚的空间溢出效应实证分析，主要运用空间计量模型对政府竞争视角下政府干预对县域金融集聚的影响及空间溢出效应进行实证分析，进而验证本书第三个基本理论假说。第 6.1 节利用全国 1895 个县（市）2002～2014 年的面板数据，通过构建静态和动态空间面板杜宾模型，实证检验政府干预对县域金融集聚的空间溢出效应，揭示政府干预对金融集聚在县域内和县域间的不同影响；第 6.2 节在利用山东省 90 个县 2004～2012 年的面板数据和空间杜宾模型进一步验证第一节基本结论的基础上，借助多样化的空间权重矩阵，揭示政府干预强度、行政隶属关系及经济水平差异对上述溢出效应的影响。

第 7 章是主要研究结论与政策建议。本章第 7.1 节概括总结了全书理论及实证研究结论；第 7.2 节在上述研究结论基础上提出了相关政策建议。

最后，本书的研究过程中还积累的部分研究资料和相关研究成果，作为附录置于书末。其中附录 1 是部分县域金融干预政策的实例。附录 2 是县域金融集聚评价研究，是以山东省为例，运用熵权 TOPSIS 法对山东省 90 个县 2009～2013 年的金融集聚水平进行的综合评价。附录 3 是县域金融风险集聚评价，主要利用山东省 2008～2013 年县域不良贷款率数据，运用探索性空间数据分析方法对县域金融风险集聚现状进行的评价分析。附录4是县域金融机构集聚状况评价,主要利用山东省标准化研究院金融机构组织代码数据,对山东省的140个县级单位金融机构的空间分布和集聚现状进行的分析。

1.4 基本观点和创新之处

1.4.1 基本观点

1. 县域金融集聚具有特定的理论内涵

与城市地区的金融集聚相比,县域层面的金融集聚具有特定的理论内涵。县域金融集聚主要是指县域金融机构和金融资源的不断丰富及其与县域经济发展形成良性互动的状态。因此,从动态过程来看,县域金融集聚是县域金融机构和金融资源不断丰富、县域金融产业产值和对县域经济的贡献不断提高的过程。从静态结果来看,县域金融集聚表现为县域存贷款、县域企业在各类资本市场上市(挂牌)及发行债券、民间融资达到一定规模,各种正规金融机构和非正规金融机构的种类和数量达到一定级别,针对各类服务主体的金融产品种类和数量丰富到一定程度,金融业产值及其在国民经济中的比重、金融业税收增加值及其贡献率、金融业从业人员数量及其在就业人员中的比重达到一定程度。

2. 县域金融集聚存在空间关联效应

我国县域金融集聚明显偏离空间随机分布,相邻或者相近县域的金融集聚存在空间关联效应,具体表现为具有较高金融集聚水平的县域在地理上相互临近,而具有较低金融集聚水平的县域在地理上相互临近。县域金融集聚空间关联效应的形成有四个方面的原因:一是县域地理位置的接近。相邻或者相近的县域往往具备相似的资源及环境禀赋,经济发展水平和产业结构也容易趋同。二是县域之间的相互竞争与合作。财政分权条件下地方政府之间存在竞争关系,展开了围绕金融资源争夺的竞争。与此同时部分县域还会展开围绕金融资源的相互合作。三是县域金融政策的学习与效仿。地方金融改革浪潮中先进县域的改革经验会逐渐被县域外学习模仿。四是影响县域金融集聚的各种其他因素在地区间的溢出效应。

3. 县域金融集聚影响因素具有空间溢出效应

空间关联视角下，县域金融集聚影响因素同时会对县域内和县域外金融集聚水平产生影响。经济基础、政府干预、投资水平和人力资本均能够提高县域内金融集聚水平，说明县域金融集聚与县域经济的发展、政府公共服务水平的提高、政策支持力度以及地方投资水平以及人力资本水平密切相关，这体现了金融与经济存在良性的互动关系，知识和技术对金融集聚水平的提高起到了有力的支撑作用。经济基础和政府干预在提高县域内金融集聚水平的同时降低了县域外金融集聚水平，县域金融政策存在"非合作型"竞争关系。投资水平和人力资本水平则促进了地区总体金融集聚水平的提高。

4. 政府竞争视角下政府干预对县域内外产生不同溢出效应

地方政府会在竞争压力下相互模仿学习其他地区的干预政策并对政策选择倾向性产生影响，因此政府干预对县域内和县域外金融集聚的影响呈现截然相反的溢出效果。政府干预对县域内金融集聚存在正向空间溢出效应，而财政分权条件下政府之间的竞争使政府干预对县域外金融集聚产生了负向空间溢出，这意味着县级地方政府的金融政策削弱了县域外的金融集聚水平，表明县级地方政府对保护型政策的偏好。地理上临近、政府干预水平和财政实力相当的县域之间竞争更为激烈，而同属一个地级市的县域间则呈现出合作关系。

5. 县域金融政策转型应遵循区域协调与合作原则

中央政府应加强地方金融改革的顶层制度设计，引导地方政府由"支出竞争"转向"制度竞争"。同时建立地方政府官员的长效考核机制，避免地方政府及其金融管理部门因追求金融业产值及税收的短期增长而陷入无序竞争。较高层级的地方政府在加强本级政府沟通协调的同时还应该协调下一级地方政府的竞争关系，着力于构建地区间竞争的良性机制。县级地方政府则需要明确自身在地方金融改革与发展中的职能边界，避免对金融市场和金融机构的直接微观干预，更多地发挥政府的"市场增进"功能，维护金融市场公平竞争环境，为金融市场的发展提供良好的外部环境，放大政府干预在区域内和区域间的正向溢出效应。

1.4.2 创新之处

1. 研究视角创新

空间独立视角下，对金融集聚分布规律及影响因素的研究并未考虑到地区之间的相互关系。但是，空间经济学认为，地区之间的经济发展并非独立，而是与其地理位置密切相关，一个地区的影响因素或干预政策往往会对其他地区产生影响或引发其他地区的互动。因此，本书基于空间关联视角观察县域金融集聚的空间分布规律，阐释县域金融集聚影响因素，分析政府竞争视角下政府干预对县域金融集聚的影响，考虑了地区之间的相互联系及互动关系，从而有助于得出不同于以往的研究结论。

2. 研究方法创新

空间关联视角下，经典的计量模型和方法难以顾及地区之间的相互关系对分析结果的影响。因此本书在相关主题的研究中采用了空间数据分析方法和空间计量模型，即运用探索性空间数据分析方法检验县域金融集聚的空间关联效应，运用空间杜宾模型，在充分考虑县域金融集聚影响因素，尤其是政府竞争视角下政府干预的空间溢出效应基础上，分析这些因素对县域金融集聚的影响。

3. 研究结论创新

有关金融集聚的既有研究成果主要关注大城市或更高区域层面的金融集聚并得出金融集聚发展、影响因素、经济效应及政策机制等方面的结论和建议。本书以县域为基本研究单位，界定县域金融集聚的基本内涵，基于空间关联视角并借助空间计量方法，检验了县域金融集聚的空间关联效应，分析了县域金融集聚的主要影响因素在县域内和县域间

21

的空间溢出效应，揭示了政府竞争视角下，政府干预对县域内和县域外金融集聚呈现相反的溢出效果。因此本书研究结论对于认清县域金融集聚的空间分布规律及互动关系，优化县域金融政策，协调县域之间的政府竞争关系并最终推进县域金融集聚和经济增长具有政策指导意义。

第 2 章 文献回顾

截至目前，围绕政府竞争和金融集聚已经产生了大量研究成果，其中对于政府竞争和金融集聚的内涵，本书第 1 章概念界定部分已经进行了梳理。本章主要围绕金融集聚的影响因素和政府竞争视角下地方政府对经济金融的干预行为及效应展开文献回顾。

2.1 金融集聚的影响因素

目前学术界对金融集聚影响因素的研究主要包括三种理论视角：一是产业经济学视角，主要从规模经济的角度分析金融产业集聚的形成机制；二是金融地理学视角，主要从信息角度分析金融集聚的影响因素；三是区域金融视角，主要从区域经济发展角度分析金融集聚的成因。这些理论从不同侧面、不同视角阐述了金融集聚的成因，对此问题进行了较强的解释。基于以上视角，规模经济、不对称信息和默示信息、地区经济基础和产业发展被认为是推动金融集聚最重要的因素，但与此同时，相关研究还关注了对外开放、基础设施、政府干预等因素对金融集聚形成的积极作用。

2.1.1 规模经济效应

规模经济是由于所有生产要素同比例的增加而引起的生产率提高或平均生产成本的降低（萨缪尔森等，1999）。按规模经济来源不同，可以分为内部规模经济、外部规模经济和聚集经济。外部规模经济理论首先由著名的经济学家马歇尔在 1890 年提出，在其《经济学原理》一书中，马歇尔论述了规模经济以及其形成的途径，并形成了比较完整的规模经济理论，后经克鲁格曼等学者的完善而得到发展。外部规模经济理论认为，在其他条件相同的情况下，行业规模较大的地区比行业规模较小的地区生产更有效率，行业规模的扩大可以引起该地区厂商的规模收益递增，这会导致某种行业及其辅助部门在同一或几个地点大规模高度集中，形成外部规模经济。相对外部规模经济而言，内部规模经济是指经济实体在规模变化时由自己内部所引起的收益增加；聚集经济是指生产的产品虽然不同，但在某一环节却有共同指向的多个工厂、多家企业聚集而产生的某些经济效益，因此严格来说，这种聚集经济本身也是一种外部规模经济。

根据规模经济理论，对于后进入某一区域的企业来讲，在选址时会主动向行业集聚区靠拢，从而推动集聚区的发展。作为经济中的重要产业之一，金融业也存在显著的规模经济效应，所以寻求规模经济也是金融集聚的重要驱动因素之一。在金融集聚影响因素的研究方面，外部规模经济是最早被提出的，也是被绝大多数学者所认可的影响金融集聚的重要因素。如金德尔伯格（Kindleberger，1974）从节约周转资金余额、提供融资和投资便利的角度分析了外部规模经济效应对金融机构集聚形成的促进机理，他认为金融市场组织中存在的规模经济形成了金融市场的积聚力量，外部规模经济使得银行和其他金融机构选择一个特定的区位。进一步地，金德尔伯格（Kindleberger，1974）、亚德里安·乔戈尔（Adrian Tschoegl，2000）认为，外部规模经济具有的自我强化性使得这些区域对于其他金融参与者来说更加具有吸引力。帕克和伊撒亚德（Park and Essayyad，1989）认为规模经济是金融集聚的本质，大量金融机构的地理接近、行业接近及相关企业的邻近，便利了金融机构之间的协作、共享基础设施、信息沟通、知识和技术的创新，降低金融机构的成本，提高市场流动性，从而促成了金融集聚。乔戈尔（Tschoegl，2000）也发现规模经济一经产生则会不断被加强，越来越多的金融机构及其辅助机构将被吸引到某一特定的地理空间，个人、企业等金融参与者也不断向这一聚集区移动。纳雷什、盖理和斯旺（Naresh，Gary and Swann，2001）认为金融集聚是为了获得大量的专业劳动力，金融中心所提供的会计、精算、法律、计算机等服务以及由于交易接近资产流动的地方而获得更大的灵活性。大卫（Davis，1990）对金融业的调查发现，金融服务机构倾向于在大城市形成集聚，这样能够获得更专业的技术人才，更良好的配套服务，并能够减少交易成本，增强信息的交流与传递，有利于产品创新。

国内学者潘英丽（2003）、黄解宇和杨再斌（2006）、刘军（2007）、丁艺（2009）、车欣薇等（2012）、梁颖（2006）等学者也阐述了规模经济对金融集聚的推动作用。如黄解宇和杨再斌（2006）认为外部规模经济主要通过三个途径作用于金融集聚：一是促进行业内金融机构之间开展合作。当大量金融机构集聚在较小空间时，金融机构之间可以加强协调和配合，降低成本，扩大经营能力。二是促进金融机构之间共享基础设施，可以共同建设和使用基础设施与服务设施，从而可以减少投资，降低成本。同时，还可形成多样化的劳动市场，方便各产业部门的人才交流，既降低了失业率，又减少了劳动力短缺发生的可能性。三是促进金融辅助性产业良性发展。随着大批金融机构的集中和发展，为金融机构服务的相关辅助性产业或社会中介服务业，因分享其外部规模经济的收益而得到迅速的发展。丁艺等（2009）还以金融机构共享辅助性产业为例详细解释了外部规模经济对金融集聚的促进作用，如大量金融机构集中在较小空间时，商业银行与投资银行之间，商业银行与保险公司之间，保险公司与证券公司之间都可开拓出众多的跨专业业务合作关系。随着大批金融机构的集中和发展，为金融机构服务的相关辅助性产业或社会中介服务业也将得到迅速的发展。律师、会计、投资咨询、信用评估、资产评估、外语和金融专业技术培训等机构都将得到发展并提供高质量的服务。此外，黄解宇和杨再斌（2006）还从金融机构内部规模经济角度分析了规模经济对金融集聚的推动作用，他们认为金融机构通过金融产品的创新、生产的分工和专业化，扩大经营规模，在不同的金融中心设立分支机构以分散服务成本，通过兼并、收购、增资扩股、上市等方式扩张其规模，从产品、分支机构、金融企业三个层次形成金融业的规模经济。单个金融机构在产品、分支机构和企业总体上实现规模经济，使金融机构产品丰富、数量增多，规模扩大，从而使金融集聚成为可能。

2.1.2　信息外部性和非对称信息

20 世纪 70 年代，金融地理学的兴起使学者们开始从空间和地理的角度考察金融集聚问题。新经济地理的主要代表人物克鲁格曼（1990）在其《空间经济：城市、区域与国际贸易》中系统地阐述了集聚经济产生的机理与原因，并开创性地应用经济学的相关方法与理论解释了产业集聚现象，将经济与地理融合起来，发展成为新兴的学科。随着新经济地理学的发展，劳拉詹南（Laulajainen，1955）、莱申（Leyshon，1995）等人将地理因素纳入到金融研究当中从而形成了金融地理理论，该理论认为地理因素是当今货币和信用的重要构成要素，从而将金融集聚的相关研究从区域层面逐步转向空间与地理层面。

金融地理学派对金融集聚影响因素的研究以信息流理论（Information Flow）为主，主要通过信息外部性和非对称信息解释金融集聚的内在机理，即不对称信息与默示信息所要求的金融主体的空间邻近促使金融集聚的形成。因为金融业不同于传统的行业，其对信息的依赖程度很高，信息得到的及时与否不仅影响到金融机构的发展步伐和方向，关系到金融机构的风险控制，甚至决定着金融机构的生死存亡，而金融集聚区的金融机构之间信息的共享和传递迅速，成本较低，金融机构可以从中获得信息外溢效应，所以是金融企业追求集聚的又一重要驱动因素。如思里夫特（Thrift，1994）从信息角度分析了金融机构为了掌握社区动态和信息，从而主动融入社会网络，从而出现了金融集聚现象。波蒂厄斯（Porteous，1995）以蒙特利尔、多伦多、悉尼、墨尔本为案例，分析了信息流影响金融集聚的主要机理，指出路径依赖的累积效应是金融集聚持续发展的根本原因，而信息的空间不对称和信息腹地变动则是导致金融集聚弱化、金融分散强化的直接原因。他将金融信息分为标准化信息和非标准化信息（也被称为硬信息和软信息），前者可以通过编码转换为数据、图像和文字进行远距离、无失真地传播，后者如经验、诀窍、声誉、人际关系、兼并收购、竞标和违约等信息在传播的过程中可能由于距离阻碍而导致信息耗损，形成地理空间上的"信息不对称"。由于非标准化信息对于风险识别与监控、缓解信息不对称问题至关重要，因此需要金融企业与客户相互临近，进而形成了金融集聚。格里克（Gehrig，1998）基于市场摩擦理论和经验研究证实金融活动在地理空间的集聚与分散趋势并存，对于信息敏感的金融交易会倾向于在信息更集中的地区集聚，而标准化金融交易对于成本更为敏感，从而引发部分后台业务的剥离和郊区化趋势的呈现。纳雷什、盖理和斯旺

（2001）认为金融集聚是为了获得由于定位在金融集聚区而提高的声誉，以及降低由于金融服务公司与客户之间的信息不对称而导致的逆向选择和道德风险的程度。赵晓斌（Zhao，2003）沿着波蒂厄斯路径依赖理论，更为深入的将其阐释为信息腹地理论，他指出能够把握非标准化信息往往是竞争的关键，由于信息不对称，能够利用非标准化信息的地区和机构都是具有优势的，因此，企业为了最大程度的获得这种外部信息，就会不断的集聚发展，靠近信息源，也就客观上形成了金融中心的集聚。博索内（Bossone，2003）从信息经济学的角度分析认为金融信息溢出效应提高了资源配置效率，金融机构为了保持这种溢出效应，自发地在空间上进一步集聚。西蒙等（Simon et al.，2004）的研究也表明，高层次的金融企业总是会定位在一个国际城市的信息腹地，在那里，信息以更低的成本被获得和验证。同时，为了分享高等级生产者服务并实现城市化经济，跨国公司总部和高端金融服务总是密不可分地集中在相同的关键地点。

国内学者黄解宇和杨再斌（2006）认为集聚的空间外在性是金融集聚形成的基础，不对称信息与默示信息所要求的金融主体的空间邻近促使金融集聚的形成。金融机构在本质上是依靠经营信息赚取利润的，要掌握准确的信息和市场动向，金融机构必须与该地的社区网络紧密相连，金融地理学家更是默示知识的学习需要面对面的交流，为了更好地了解和掌握所有的信息，金融机构就会集中到信息源，从而形成金融集聚。李伟军（2011）基于长三角城市群面板数据的研究表明，政府层级和信息基础设施对金融集聚的影响非常显著。进一步地，樊向前和范从来（2016）将关乎金融集聚行为的信息流归纳为三个方面：一是规制信息流，也就是高层级行政机关所包含的能够影响金融机构决策判断的信息流；二是经济信息流，也就是一个地区所包含的经济腹地规模；三是创新信息流，也就是一个地区所具有实现创新发展的能力信息。

2.1.3　经济规模和产业基础

金融产业是国民经济的重要组成部分，实体经济的发展是金融集聚的重要影响因素。国内学者白钦先（2001）、冉光和（2004）和张凤超（2006）等从金融资源和金融资源的地域运动揭示了区域经济发展对金融集聚的基础性作用。他们认为金融集聚内生于区域经济发展之中，区域经济的发展为金融产业集聚成长提供了条件和空间，同时，金融产业的集聚也为区域经济的发展提供了内在动力。随着区域经济规模水平的不断提高，与之相伴的各项金融业务的规模和范围不断扩大。与此同时，金融业也不断发展壮大起来，当特定地区的金融服务需求达到一定规模时，金融集聚便会应运而生（白钦先，2001；张凤超，2006）。此后，国内学者也从不同角度论证了区域经济规模和产业发展与金融集聚的互动关系，进而阐释了实体经济发展对金融集聚的促进作用。如黄解宇和杨再斌（2006）指出当金融成长至高级阶段成为经济的主导与核心，其对经济的主导性能够促进金融集聚。丁艺等（2009）认为金融集群发展并不是金融产业独自发展的结果，尤其在金融企业集群发展的初级阶段，更多的是伴随其他产业的集群化发展而逐渐显现的。任英华等（2010）认为在经济繁荣时期，企业的经营状况良好，社会失业率低，对资本的需求量就大，金融业一般会处于良好的运营状态；而在萧条时期，企业投资的成功率低，失业率上升，金融债务的偿还能力下降，金融风险加剧，不利于金融主体的运营。黄永兴等（2011）指出经济持续增长能够促进本地经济的繁荣，本地经济的繁荣会对金融中心形成巨大的资金需求和供给，同时，经济的持续增长会产生对金融产品的巨额需求，促进金融市场的发展。李正辉和蒋赞（2012）认为当地方经济快速发展时，规模经济和金融集聚会形成互动格局。具体来说，如果一个地区在金融产业集聚上占据优势，随着地方经济的快速发展，这种优势逐渐被积累和扩大，金融机构大量集聚该地区，促使金融机构通过扩大自身的规模经济效应来保持在市场中的竞争力。非金融机构企业规模的扩张，特别是通过规模的扩张实现企业规模经济，能够持续增加企业的金融服务需求，进一步促使金融机构大量地聚集该地区。金融机构集聚所产生的集聚效应通过规模经济效应吸引更多金融机构的集聚，这种双向互动的影响作用产生和强化了该地区的金融集聚程度。车欣薇等（2012）认为产业集聚能够促进金融集聚的发生，产业集聚程度越高，对金融集聚的支撑力越强，金融产业与实体产业的联系越紧密，金融集聚就越容易发生在产业集聚的地方。李静等（2014）认为如果一个地区的经济发展程度不高，金融产业的作用就无法体现出来，资本具有逐利本性，必然会流入经济发达地区，促进发达地区的金融集聚。邓薇（2015）指出实体经济中投资者和储蓄者对金融机构及相关金融服务的需求是促使金融业发展的强大动力，生产力的发展推动着金融业的不断发展。

2.1.4 政府支持政策

区域经济干预理论认为，各级政府或公共机构通常为实现一定的社会经济目标而对区域经济运行进行有目的的干预，政府干预事实上已经成为作用于区域经济系统的一个重要因素，因此在对地区金融集聚影响因素进行分析时，须考察政府政策的影响。格拉斯（Gras，1922）指出自发形成的金融集聚虽然在起始阶段是民间行为，但如果没有政府在土地规划、产业政策、市场管理等方面的扶持，金融业的发展就会非常缓慢，集聚也就难以形成。

结合我国的实际，潘英丽（2003）认为我国金融集聚的形成模式是供给引导型，对政府政策和制度环境的依赖性较强。她在分析政府公共政策影响范围所涉及的因素时，认为金融机构所在地的经营成本、人力资源供给、电信设施的质量与安全可靠性、监管环境与税收制度也是影响金融机构区位选择或迁移决策的因素。类似地，冉光和（2004）也认为市场经济发达国家市场价格机制比较完善，金融产业资本集聚形成模式是由需求反映型机制为主导的，不同于发展中国家供给引导型机制，发展中国家政府在快速提升区域金融竞争力和金融集聚程度时，对该地区内某些区域提供具有竞争力的政策和制度环境，加速了该地区金融集聚的形成。黄永兴（2011）甚至认为在中国，各级政府支持的方式及力度对金融集聚的形成往往起决定性作用。李正辉和蒋赞（2012）利用联合面板数据模型，从金融集聚驱动机制角度出发进行的实证研究表明，政府政策对金融集聚都具有显著性影响，其中我国中部地区金融集聚程度主要依靠政府政策来驱动。李静等（2014）认为政府扶持主要体现为一个地区的财政预算支出以及金融领域的预算支出，政府扶持还表现为税收的优惠待遇。综上所述，政府行为或政府政策支持是金融集聚的重要条件，其对金融集聚的作用是内化在其他影响因素当中的，即地方政府通过制度建设或政策扶持创造和完善了金融集聚形成所必须的条件，从而促进了金融集聚的形成。

2.1.5　区域创新和人力资本

已有国内外研究表明，区域创新和人力资本也是推动金融集聚的重要影响因素之一。基布尔和娜查（Keeble and Nacham，2001）认为服务业是属于知识密集型行业，应从集聚学习和创新环境等角度来探寻集聚利益。基于此，任英华等（2010）指出金融集聚区本身就是一种创新网络，它通过集群企业之间的相互联系、各种正式与非正式的交流沟通，构成一种集体学习，刺激服务企业内部创新。尤其是隐含经验类知识的交流，能激发新思想、新方法的应用，促进产业融合，使新产业和新产品不断出现，吸引新的客户和生产者。当金融集聚发展到一定程度，新知识的获取和创新将成为影响其进一步发展的关键要素。成春林和华桂宏（2013）阐述了科技进步对金融集聚的作用机理：一是科技水平的高低影响着经济效率，进而影响经济金融总量；二是在科技成果转化的过程中能产生溢出效应，能够使得更多的企业进入某个新兴行业，增加对金融资本的需求；三是科技行业的集聚会带动金融资本的集聚。李标等（2016）则阐述了技术创新和金融集聚的互动机理，即金融集聚区信息收集的便利使得金融中介通过识别最有机会在新产品、新工艺上取得成功的企业家而提高创新水平，还可以有效地降低创业风险，提高创新带来的经济回报，使创新系统更有效率，进而促进区域整体创新能力和经济增长潜力的提高。反过来，得益于产业集聚和技术创新的经济增长又将进一步诱发产业空间集聚和技术创新的自我强化。

与此同时，与物质资本和自然资源相比，人力资本是"软生产要素"。高水平人力资本是提高现代金融竞争力的基本要素。理论上，人力资本水平越高，金融产品的供给能力越强，金融产业集聚程度越高。金融业吸收高学历的人才比其他行业或地区要多，高级金融专业人才的汇聚是吸引金融机构集聚的重要原因，更是区域金融市场繁荣、金融产品创新活跃的根本支撑（任英华等，2010）。

2.1.6　对外开放

对外开放水平高的地区，其跨国公司数量越多，金融机构为更好地服务跨国公司会向对外开放水平高度的地区集中，从而形成金融集聚。西蒙等（Simon et al.，2004）的研究表明，高层次的金融企业总是会定位在一个国际城市的信息腹地，在那里，信息以更低的成本被获得和验证。同时，为了分享高等级生产者服务并实现城市化经济，跨国公司总部和高端金融服务总是密不可分地集中在相同的关键地点。赵等（Zhao et al.，2004，2005）通过调查跨国公司区域总部空间集聚的信息不对称效应，认为跨国公司区域总部的区位选择是引起金融企业地理集聚的重要原因，随着中国的金融市场对外国公司更加开放，北京比其他城市更有优势成为全国性的金融中心。任英华等（2010）认为金融机构为提供更好的服务，往往集聚在其主要客户的总公司附近，而跨国公司总部作为金融业的微观行为主体，不仅趋向于将机构定位于开放的全球城市中，而且总部总是选择具有竞争力的区位，其影响因素包括充足的运输和通讯基础设施，高品质的专业服务，如法律、会计和金融服务，丰富的社会和文化设施以及根植于法律的良好制度。

2.1.7 其他因素

除上述影响因素外，国内外学者还提出了许多影响金融集聚的其他因素。一是地区基础设施水平，如黄永兴等（2011）认为这里的基础设施是广义上的基础设施，即包括经济性基础设施和社会基础设施，而不是习惯上所说的经济性基础设施。其中经济性基础设施如电讯、网络等通讯设施和机场、铁路、高速公路等交通设施的发达，有利于金融机构快捷地开展业务，城市完善的基础设施和合理的规划，能够降低金融机构的营运成本。而一个城市科、教、文、卫方面的支持，特别是要加强高层次金融人才的吸引和培养力度，加强对金融产业的科研投入力度，则能够推进区域创新，提高金融机构运行效率。二是当地居民的收入和素质。如莱申（Leyshon，1995、1997、1998）认为居民收入和层次、居民的金融素养、金融文化是也导致金融机构集聚的重要因素。三是机遇和环境。如（Martin，1999）认为金融集聚还受到机遇和政治气候、市场监控和法规、专业的劳动队伍以及办公和生活成本等因素影响。

综上所述，现有成果认为规模经济效应、信息外部性和非对称信息、经济规模和产业基础是推动金融集聚形成的主要因素，与此同时，政府的推动、区域创新和人力资本、对外开放程度、基础设施水平和居民素质等也是促进金融集聚的重要因素。上述结论为本书的研究思路提供了有益的借鉴，现有实证成果也从不同角度对上述理论成果进行了呼应。但实证成果方面存在的不足主要体现在以下方面：一是现有研究大多基于空间独立视角，忽视了影响因素在地区之间存在的溢出效应，对于金融集聚影响因素的空间相关性特性关注不够。而事实上，由于区域间经济联系的普遍存在，不仅区域间的金融集聚水平存在空间关联效应，而且金融集聚的影响因素之间亦存在普遍的空间关联，部分研究虽然采用了空间计量方法，但其使用的空间滞后模型（SAR）或空间误差模型（SEM）亦无法全面揭示金融集聚影响因素的空间溢出效应。二是现有成果多以省级或地市级单位为研究对象，对于县域金融集聚的研究相对匮乏。

2.2　地方政府金融干预行为及效应

本章第 2.1 节有关金融集聚影响因素的文献梳理表明，政府是推动金融集聚的重要影响因素。而关于政府干预金融产业发展动因，根据现有文献的研究结论，本书认为可以归纳为金融对经济增长的促进作用和地方政府面临的竞争压力两方面；关于政府干预对金融发展的影响，现有研究基于空间独立视角形成了两种截然相反的观点。相关研究表明，政府竞争视角下地方政府的干预行为会呈现出策略选择和政策选取上的自利性和短期化倾向，因而可能对金融产业发展在短期内和长期内产生不同的影响。

2.2.1　政府金融干预行为的动因

1. 金融对经济增长具有促进作用

政府之所以干预金融集聚过程，其根本动因在于希望通过加速金融集聚实现地区产业结构升级，通过发挥金融产业基本功能提升实体经济发展质量，最终促进地区经济增长。现有研究成果从不同角度详尽阐述了金融集聚对经济增长的促进作用。如刘军等（2007）结合区域经济学中的"极化－涓滴"效应（Hirshman，1991）等理论，概括了金融集聚促进经济增长的主要机理，他认为金融集聚通过金融集聚效应、金融扩散效应以及金融功能促进实体经济增长。其中金融集聚效应是指通过外部规模经济效益、网络效益、创新效益、加速技术进步效益、自我强化机制效益影响经济增长；金融扩散效应通过"涓滴效应"和"极化效应"促进经济活动；金融集聚通过金融的风险管理功能、信息揭示功能、公司治理功能、储蓄集聚功能和便利交换功能影响和促进经济增长。后续国内相关研究也基本围绕上述框架的一个或多个方面展开。王缉慈（2001）以金融机构共享辅助性产业为例阐述了金融集聚带动其他产业发展的作用机理，他认为当大量金融机构集中在较小空间时，不同机构之间可开拓出众多的跨专业业务合作关系，随着大批金融机构的集中和发展，为金融机构服务的相关辅助性产业或社会中介服务业也将得到迅速的发展，从而降低金融机构的运行成本。这不仅使得金融及其附属产业受益，促进金融业的发展并聚集，同时该地区的发展也会吸引其他产业的加入。竞争产业的地理集中可以吸引人才和其他生产要素，甚至从不景气的产业中吸收工人，从而促进当地经济发展。潘辉等（2013）和黄蓉（2013）主要从集聚效应角度阐述金融产业集聚对经济的拉动作用，他们发现金融集聚通过节约周转资金余额，提供融资和投资便利、提高市场流动性，降低融资成本和投资风险、金融机构共享辅助性产业等方式产生外部规模经济效益，显著地促进了我国实体经济增长，与我国经济总量之间存在着强有力的拉动关系，并且东部地区金融集聚的经济效应远大于中部和西部地区。张浩然（2014）认为一方面，多元化金融主体的空间临近能够以较低成本搜集、识别和整合信息，促进同业之间的交流，使金融机构与跨国公司和大型公司总部保持密切联系，发挥信息收集和处理的规模经济优势，提高资源配置效率和微观生产效率。另一方面，金融集聚有利于建立信誉机制，减少经营中的机会主义行为，降低合约的执行和监督成本。金融集聚区通过基础设施和辅助产业共享有效降低金融企业的运营成本，缩短业务办理的链条，加快资金周转速度，提高市场的流动性和金融服务的灵活性。金融集聚还便于对风险较高的研发投入进行联合甄别、评估并提供融资，分散创新风险，实现资源重新配置，在促进产业转型升级的过程中发挥着关键作用。刘沛等（2014）研究发现金融集聚对于产业结构提升具有十分显著的空间外溢效应。潘卫红（2015）则认为区域金融集聚一是可以通过信息传递导引经济增长，二是通过区域内储蓄动员能力提升区域经济增长质量。

2. 地方政府面临竞争压力

如果说地方政府干预金融集聚的根本动因是希望通过加速金融集聚实现地区产业结构升级及经济增长，那么地方政府及其官员面临的竞争压力则进一步激发了地方政府干预金融的积极性。现有研究认为，地方政府竞争造就了我国改革开放以来经济高速增长的"中国奇迹"（张五常，2009），而财权分权制度、市场化改革和以经济增长为核心的相对绩效考核制度构成了我国地方政府竞争的制度基础（罗若愚和张龙鹏，2013）。在上述制度基础背景下，地方政府有着发展地区经济的强烈动机，因为中央政府为了有效激励地方政府，围绕经济绩效建立了一整套考核指标体系，其中 GDP 是最关键的指标，对于任期内的官员来说，最直接有效地促进当地增长的办法就是鼓励资本和劳动密集型产业的发展，为了实现这种经济发展战略，地方政府一方面通过相应政策来吸引资本和劳动的流入，另一方面则直接通过公共支出来加快当地的资本积累（李涛和周业安，2008）。冯涛等（2009）认为，在这种以经济增长为主要考核目标的锦标赛制度下，地方政府官员为完成政绩考核展开多种形式的竞争，间接促进了物质资本和人力资本投资，改善了基础设施，吸引了大批的外商直接投资，从而推动了经济增长，而地方政府官员在经济增长的同时获得了晋升。在资本稀缺的前提下，地方政府会围绕流动性要素展开竞争并进一步表现为地方政府围绕区域内外金融资源的争夺。杨海生等（2008）认为在既定的政府管理体制下，地方政府在经济领域的分权导致地方政府会围绕流动性要素展开竞争。钟子明等（2008）研究发现地方政府间竞争的重要手段是从金融部门获取金融资源，地方政府特别是难以获得充足税收收入的地方政府更倾向于通过干预金融部门为公共投资融资。张璟和沈坤荣（2008）也认为，在财政分权背景下，地方政府会直接或间接、显性或隐性地干预金融机构的资金运用。杨坚（2011）运用中部地区 1995～2008 年的省际面板数据，基于金融发展的角度，实证研究了地方政府竞争对产业结构调整的影响，结果显示中部六省的地方政府为了赢得"GDP竞赛"，需要通过金融部门的发展来调动区域内的资源，这直接或间接地推动了各省金融业的发展。王俊和洪正（2015）通过对地方政府博弈模型的分析发现，政府间为了实现各自经济利益的最大化会选择金融竞争行为。地方政府会采取包括直接性的行政干预、出资搭建融资平台作为代理人以及各种政策优惠等方式来围绕着稀缺的金融资源展开竞争，在金融竞争过程中，地方政府会不断加大政府支出来参与竞争角逐，希望获取较多的金融资源来推动地区经济的快速增长。李淑娟（2014）则认为我国地方政府竞争不同于国外联邦分权体制下的地方政府竞争，中国式分权下地方政府的竞争是投资驱动型的竞争，竞争的实质是资金的竞争。综上所述，政府竞争视角下，地方政府无论是出于促进地方经济增长抑或是官员政治晋升的目的，都会积极地干预金融集聚过程。

2.2.2 政府干预对金融产业发展的影响

中国经济转型过程中政府干预是区域金融集聚的重要推动力量。一方面，政府发挥着弥补市场不足和增进市场功能的作用（张杰等，2008）；另一方面，由于地区经济增长需要来自金融体系的支持，财政分权背景下，地方政府之间为增长所展开的竞争使其产生直接或间接干预区域内金融机构资金运用的动机，地方金融集聚呈现出地方政府行政干预势力与市场化进程两股力量相互作用、相互影响的典型特征（沈坤荣等，2007）。

关于政府干预对金融发展的作用，现有研究主要基于空间独立视角展开并形成两种主要观点：第一种观点认为政府干预有助于提高金融发展水平。因为发展中国家制度不完善，需要通过政府的干预减少信息不对称，弥补市场失灵。发展中国家政府在金融体系中的介入程度和方式很大程度上区别于一般市场条件下的政府介入（马勇和陈雨露，2014），政府因素完全可以"内生化"于金融发展的实际过程之中，政府参与市场形成实际上是改革逻辑的一种内生需要，政府因素在此过程中发挥着弥补市场不足和增进市场功能的正向作用（张杰，2007、2008）。谷慎等（2012）发现，地方政府会利用各种优惠政策积极引进金融机构并积极创造条件争取增设地方金融机构以动员更多资金支持地方经济。徐建波等（2014）认为，政府干预政策作为金融机构的外部制度环境，可以通过"预期效应"和"成本效应"影响贷款的收益和成本，从而对金融机构的效益产生重要影响，政府干预能够有效改变金融机构风险预期和运营成本、缓解金融歧视，使更多的经济体获得金融支持（崔光庆等，2006）。第二种观点认为政府干预不利于金融集聚水平提高，因为发展中国家的政府对金融体系和金融活动的过多干预抑制了金融体系的正常发展。在我国，地方政府对金融市场干预的负面作用亦不容忽视，因此也有许多学者分析了政府干预对金融发展的阻碍作用。如崔光庆等（2006）指出在政府干预影响下我国区域金融集聚存在明显的"量性扩张"而"质性发展不足"状况。姚耀军和尹希果等（2006）指出地方政府在沉重的财政负担下加强对金融信贷行为的干预，必然导致金融信贷资金配置的低效率。皮天雷等（2011）认为地方政府的干预对地区金融集聚带来负效应，对法治促进金融集聚的作用产生"挤出效应"和"替代效应"。

2.2.3　政府竞争视角下地方政府行为特征

现有理论及实证研究表明，政府竞争视角下，地方政府在竞争策略选择和竞争政策选取上存在自利性和短期化倾向，极易形成地方政府之间的恶性竞争。如周业安和赵晓男（2002）在政府竞争层面上划分了地方政府行为的三种类型：一是进取型地方政府，即依靠制度创新和技术创新，通过地方软环境的建设来吸引资源，从而扩大当地的税基；二是保护型地方政府，即进行一定的制度创新和技术创新，但创新程度有限，不足以吸收资源。为了保证一定水平的税基常采取地方保护主义，依靠政府保护来创造当地企业的产品市场；三是掠夺型地方政府，即基本上不创造税源，为了维护政府日常开支，通过各种手段增加税费。进一步地，周业安（2003）认为在地方政府围绕经济资源展开的竞争中，保护性策略和掠夺型策略可能被选择。姜海龙（2004）指出，地方政府在进行地区间竞争时的行为空间要远大于作为单纯公共品供给者的政府行为，而且更倾向于短期行为与"地方保护主义"式的敌意竞争方式。在竞争手段上，具有借助行政手段的行政回归冲动；在要素市场上限制资本的跨区流动，形成区域要素壁垒；在政治市场上以计划形成的地区发展不平衡和不公平为背景，进行自利色彩极浓的制度竞争。谢晓波（2004）分析表明有较高经济效率的地方会较少地采取保护战略。区域之间的整体经济效率得以提高。而较低效率的地区可能更多地采取保护战略，而地方政府基于自身利益最大化的行为会使进取性投资不足而保护性投资过度。蔡玉胜（2006）认为适度的地方政府竞争促进了中国地区经济发展和我国市场化进程，但中国现阶段的政治和经济体制安排使地方政府竞争存在异化的可能。沈坤荣和付文林（2006）在"财政竞争"框架下，研究了中国省际的税收竞争行为，发现省际在税收竞争中采取的是差异化的竞争策略。王文剑等（2007）发现我国不同地区的地方政府在吸引外商直接投资（FDI）的竞争中采用的竞争手段存在效果差异，其中东部地区地方政府增加政府消费支出、减少税负水平、增加国有经济投资等对 FDI 的增长存在显著影响，中部地区的地方政府的税收优惠和财政支出对 FDI 的增长存在显著影响，西部地区的地方政府采用的税收优惠手段对 FDI 的增长存在显著影响。但是政府竞争模式下，地方政府越来越青睐于能够直接有利于吸引外资方面的投入，而忽视了对教育、科技和环境保护等方面的支出，而且我国东中部地区地方政府对 FDI 的竞争已经呈现出明显的恶性竞争态势。彭纪生等（2011）认为现实中地方政府引资竞争中屡屡出现恶性竞争是因为地方政府在追求自身利益最大化的条件下，会充分考虑其决策对其他地区的经济与技术溢出效应，透过对双重溢出效应相对大小的考量，并结合短期或长期利益追求以及自身所处客观环境条件而做出相应的战略选择。黄阳平（2011）认为在"政治晋升锦标赛"治理模式和"财政联邦主义"双重激励下，地方政府努力进行工业园区建设和招商引资，致使以吸引资本流入为目的的税收竞争成为地方政府间竞争的有效手段。张日旭（2012）指出我国高度集权的政治制度渗透在财政制度中，虽然进行了分税制改革，但地方政府却没有相应的财权，即目前财权绝大部分仍集中于中央，地方政府实际所拥有的事权与财权并不匹配，地方政府并没有独立的收入权利，税收的主导权仍掌握在中央政府手中，但地方政府的财政支出却在增加。这样"入不敷出"的状态，导致了地方政府间的恶性竞争愈演愈烈，各地方政府均竭力向制度外发展、寻求制度外资源，为了在激烈竞争中胜出，地方政府间不得不采取不合作的策略，从而陷入"囚徒困境"博弈中。王守坤（2015）通过构建金融干预行为的反向复合指标，且在广义空间计量模型中分别引入非对称权重矩阵与两区制划分，发现省级政府之间确实存在着针对金融干预的模仿竞争，同时，在政绩竞赛中落后会增强省级政府对其竞争者干预行为的敏感性，而内陆省份相比于沿海省份的空间相关程度也更高。综上所述，我国当前制度环境下，地方政府为追求短期经济增长并完成绩效考核目标，在竞争过程中偏好采用支出竞争手段来吸引流动要素，而对于优化投资环境等制度竞争手段重视不够。

2.2.4 政府竞争视角下地方政府行为的双重效应

政府竞争视角下，地方政府的干预行为在短期内固然能够获取更多流动要素，助推地方经济发展的，但在全国层面上，这种竞争方式不利于经济的长期发展和区域间的协调发展。现有文献大多肯定了地方政府竞争在短期内对经济增长的促进作用，但是同时也指出了不规范的地方政府竞争在长期内及全国层面上容易带来地方保护主义、重复投资、市场分割、财政投资结构扭曲、引发金融风险等方面的消极影响，最终导致经济结构失衡且不利于经济的持续增长。

周业安和赵晓男（2002）、周业安和冯兴元等（2004）、周黎安（2004）从"晋升锦标赛"的视角出发，对中国地方政府竞争导致地区"重复投资、重复建设和地方保护主义盛行"的现象进行了剖析。谢晓波（2004）认为地方政府竞争的积极作用主要表现在三个方面：一是有利于实施强制性制度变迁并加速经济转型；二是有效解决政府中存在的"委托–代理问题"；三是防止政府对市场经济的不正当干预。但他同时也指出了地方政府竞争四个方面的消极作用：一是形成地方保护主义，阻碍统一市场体系的形成和市场在资源配置中基础性作用的有效发挥；二是导致重复建设，符合个体理性原则的基础原材料项目建设、甚至公共设施建设，导致了更高层次、更大范围的重复建设；三是破坏环境，地方政府过分注重经济效益而忽视环境效益和社会效益；四是竞争无序，某些领域的无序、恶性竞争导致代价奇高的竞争后果出现。蔡玉胜（2006）认为中国现阶段的政治和经济体制安排使地方政府竞争存在异化的可能，产生地方保护主义、重复建设、无序竞争、区域市场分割等问题，严重的后果是导致形成"蜂窝状经济"。王文剑等（2007）发现我国东中部地区地方政府对 FDI 的恶性竞争不同程度地损害了地区经济发展。我国地方政府竞争主要是围绕着中央制定的经济指标的竞争，这种竞争是有别于西方联邦制国家的"政绩竞争"，是一种典型的锦标式竞争，这种竞争在早期确实对经济增长具有明显的推动作用，但同时在客观上可能造成由于大量的重复建设所导致的资本效率损失和地区财政资源的极大浪费，从长期来看还将导致人力资本积累不足，经济发展的整体环境恶化，损害中国经济的可持续发展。卢洪友和龚锋（2007）认为地方政府在预算支出方面的攀比和竞争，在某种程度上对地方政府的支出决策施加了"负激励"，从而引发一系列不合理的支出行为，进一步加剧地方财政的困境，降低地方公共资源的配置效率。傅勇和张晏（2007）在"晋升锦标赛"框架下实证考察中国省际间的政府竞争行为后发现，基于政绩考核下的政府竞争，造成了中国地方政府公共支出结构"重基本建设、轻人力资本投资和公共服务"的明显扭曲。张军等（2007）、方红生和张军（2009）等通过实证检验发现中国地方政府在"招商引资"上的标尺竞争导致其在财政支出方面更加热衷于基础建设和生产型投资。钟子明等（2008）指出地方政府倾向于通过干预金融部门为公共投资融资，这构成了地方金融资产质量下降，金融生态环境难以改善的重要制度性原因。张璟和沈坤荣（2008）则认为，在财政分权背景下，地方政府直接或间接、显性或隐性地干预金融机构的资金运用，会"固化"中国目前依靠资本投入和积累速度提高的"粗放型"经济增长方式，因而对经济增长方式转型会产生极为不利的影响。杨元泽和赵会玉（2010）认为地方政府积极进行创新的制度竞争能够提升支出效率，但是公共支出竞争和支出偏向的攀比竞争不利于政府支出效率的提高。胡荣昌（2011）认为良性竞争能促进地方经济发展，但恶性竞争造成市场分割和地方保护主义严重，阻碍全国统一大市场形成；造成了大量重复建设，造成地方产业结构雷同，形成产业内的恶性竞争以及其他诸多不利社会长远发展的后果。柳庆刚和姚洋（2012）认为在晋升锦标赛的框架下，地方政府成为生产型政府，在财政支出方面表现为更偏好于投资生产性的公共品，挤压其他非生产性但和民生福利紧密相关的支出项目。生产型政府一方面会加大自身部门的储蓄（投资）倾向，另一方面通过生产性公共品对企业部门形成补贴，从而会进一步加大企业部门可支配收入以及企业部门的再投资倾向，最终导致低消费和高储蓄的经济结构，即经济结构失衡。李江（2012）研究发现，我国西部各省的地方政府竞争主要采取支出竞争的方式，其对基础建设和大型经济项目的投入确实推动了地方经济的增长，但是这种支出竞争同时伴随着较小的乘数效应、较为严重的地方保护主义，这不仅不利于区域经济的协调发展，并且会扩大地方政府竞争的负面效应，从而使得地方政府竞争的负面效应更为突出，不利于地方经济的增长。颜燕等（2013）利用2004～2009年中国地级及以上城市的面板数据，实证分析了地方政府通过土地价格竞争和土地财政支出竞争两种方式吸引投资、促进增长的策略，评估了两种策略在全国和地区尺度上的实施效果及其区域差异，发现在全国尺度上，土地价格竞争和土地财政支出竞争两种手段都对城市经济增长产生了显著的促进作用。于之倩等（2015）认为分权下的地方政府因其产权的缺失及"经济人"的特性，为了争夺资本，扩大投资规模，竞相展开财政竞争，将公共资源优先配置在能带来更多利益的基础设施等经济建设类投资，从而忽视非经济性公共品及公共服务的投资。冯辉（2016）认为地方政府竞争的负面影响首先是恶性竞争，其次是区域发展失衡，最后是重复建设。

结合本书研究主题发现，已有研究充分关注了政府竞争视角下地方政府对金融产业发展的影响，但是对于政府竞争视角下政府干预对金融集聚的影响，无论是金融集聚动因的研究成果还是政府竞争经济效应的研究成果均未给予足够的关注。此外，现有成果大多将区域视为独立的个体观察政府干预对金融产业发展的影响，而由于政府竞争压力的存在，一个地区的政府干预政策不仅会影响本地区金融产业发展，也会对其他地区金融产业发展产生影响，因此基于空间独立视角考察政府干预对金融产业发展的影响忽视了政府干预在区域之间的溢出效应，无法揭示政府干预对其他地区金融产业发展的影响。本书认为，政府竞争视角下，地方政府在金融集聚过程中的作用需要辩证地看待，尤其是空间关联视角下，地方政府的行为不仅会影响本地区的金融集聚，而且会对其他地区形成溢出效应，甚至是负向溢出效应。

第3章 理论分析与研究假说

区域之间存在普遍的经济联系，县域层面亦是如此。空间关联视角下，由于地理位置的接近、相互之间的竞争合作与政策模仿以及其他影响因素的空间溢出效应，县域金融集聚存在空间关联效应。政府干预是县域金融集聚的重要影响因素，政府竞争视角下，地方政府的干预政策选择呈现短期性和自利化倾向，从而对县域内和县域外金融集聚产生截然相反的溢出效果。本章首先分析县域金融集聚空间关联效应的影响机理，然后分析空间关联视角下县域金融集聚影响因素及其空间溢出效应机理，最后在分析政府竞争视角下政府干预县域金融集聚空间溢出效应的基础上，搭建本书的总体分析框架并提出基本理论假说。

3.1 县域金融集聚空间关联 效应的形成机理

近年来区域间的经济联系已经被大量文献所证实（Ying，2003；潘文卿，2012；李敬，2014），本书认为县域金融集聚也存在空间关联效应。结合空间经济学基本原理，本书认为县域金融集聚空间关联效应的形成主要有以下四个方面的原因：一是县域地理位置的接近。相邻或者相近的县域往往具备相似的资源及环境禀赋，经济发展水平和产业结构也容易趋同，所以金融集聚水平及其变动趋势也会因此产生空间上的互动；二是县域之间的相互竞争与合作。如文献部分所述，分税制条件下地方政府之间存在普遍的支出竞争、制度竞争和标尺竞争，县级地方政府也不例外，其对金融资源的争夺愈发激烈。与此同时部分县域还会展开围绕金融资源的相互合作，共同提高地区金融集聚水平。上述行为使县域金融集聚水平同步提升抑或此消彼长，从而产生空间关联；三是一个省市范围内甚至全国范围内的县域会重复或者模仿一个或几个特定县域的行为。地方金融改革浪潮中不乏走在前列的"试点县""先进县"，其先进经验会逐渐被县域外学习模仿，在一定程度上增强县域金融集聚的空间关联；四是影响县域金融集聚的各种因素在地区间的溢出效应。产业集聚的溢出效应会带动县域外配套或相关产业的发展，公路等基础设施的互联互通会夯实地区硬件基础，金融生态环境的改善则会优化地区制度环境；市场分割的打破会使金融人才、金融资源等要素在更大范围内自由流动。因此产业、设施、制度、知识和技术的溢出也会使县域金融集聚产生空间关联效应。

3.2 县域金融集聚影响因素的空间溢出机理

3.2.1 经济基础对县域金融集聚的影响

金融集聚内生于区域经济发展之中，区域经济的发展为金融集聚奠定了基础，经济较发达的地区，企业的经营状况好，对资金的需求较大，从而会带动金融业的发展。随着县域经济规模水平的不断提高，与之相伴的各项金融业务的规模和范围就会不断扩大，金融业也不断发展壮大起来，从而加速金融集聚。但是基于我国县域经济发展水平相对落后，县域间金融资源整体上呈现出向城市流动的特征，因此县域金融资源的流动更多地表现为"此消彼长"的内部争夺，即一个地区金融集聚水平的提高必然引发县域外金融资源的流出。据此本书认为，空间关联视角下，经济基础对县域内金融集聚存在正向效应，对县域外金融集聚存在负向效应。

3.2.2 政府干预对县域金融集聚的影响

金融集聚无论怎样形成，政府的支持都必不可少。自发形成的金融集聚虽然在起始阶段是民间行为，但如果没有政府在土地规划、产业政策、市场管理等方面的扶持，金融业的发展就会非常缓慢，集聚也就难以形成（Gras，1922）。我国学者黄永兴等（2011）也认为在中国，各级政府支持的方式及其力度对金融集聚的形成往往起决定性作用。县域作为我国经济发展的基本单元，为助推县域经济发展，县级地方政府全方位、多渠道加强了对金融资源的吸引，而且基于县域层面的金融资源和制度资源双重稀缺的特性使得县级地方政府围绕金融资源的竞争更加激烈。而财政分权体制下，地方政府对金融资源的争夺大于相互之间的金融合作。综上所述，本书认为，空间关联视角下政府干预能够加速县域内金融集聚，同时削弱县域外金融集聚水平。

3.2.3　投资水平与人力资本对县域金融集聚的影响

投资可以促进经济的增长，是经济增长和发展的基本驱动力。对于县域来说，投资水平的提高有助于推动资本积累和产业的升级，改善区域基础设施状况，进而推动金融集聚现象的产生。金融业作为高端服务业，对高水平人才的需求明显高于其他行业。人力资本是提高现代金融竞争力的基本要素，人力资本的规模和质量能够影响金融集聚水平，且与金融集聚呈正相关性。与此同时，投资水平和人力资本水平的提升能够促进县域间的经济合作和技术溢出，提高县域间整体金融集聚水平的提高。据此本书认为，空间关联视角下投资水平和人力资本能够提高县域整体金融集聚水平。

3.3　政府竞争视角下政府干预政策的空间溢出机理

3.3.1　县域金融干预政策的主要类型及特征

县域经济的发展要求金融业提供更加有力的支撑和保障，加快发展县域金融业，已成为当前形势和长远发展所面临的重大挑战。近年来，我国县域金融业发展取得了历史性进步，主要表现在新型农村金融机构及金融服务组织种类和数量不断丰富、多层次资本市场的融资功能逐渐发力、互联网金融服务异军突起、对县域"三农"及中小微企业的融资服务能力显著增强、金融生态环境逐步优化等方面。但与此同时，县域存贷款、直接融资、保费收入均仅占全国1/3左右，县域金融业整体还处在起步完善、加快推进阶段，规模不大，质量不高，水平不均衡，组织体系尚待健全，市场机制仍需完善，创新能力亟待增强，难以满足县域经济社会快速发展的要求。特别是随着县域城镇化、市场化、现代化深入推进，县域经济集群化、规模化、专业化发展趋势明显，县域基础设施建设也呈现加速推进势头，对金融服务提出了新的更高要求。

县域金融业的快速发展不仅得益于顶层制度设计释放的改革红利，也离不开各级地方政府尤其是县级地方政府的积极干预。近年来，各级地方政府尤其是县级地方政府设立专门的金融管理部门（金融办、金融工作局等等），围绕县域金融市场建设与金融机构引进、地方金融服务组织建设、多层次资本市场融资、农村产权改革与信用体系建设、防范区域金融风险等方面出台了一系列政策措施，充分运用补贴奖励、税收返还、政府增信、搭建产权交易及信息共享平台等方式支持县域金融市场的完善，有力促进了县域经济的转型发展。

县域金融政策即为地方政府及其金融管理部门出台的以加快本地区金融市场建设和融资环境优化，防范区域性金融风险为目的的政策措施的总称，主要有补贴奖励型、信息服务型、信用建设型、政府增信型等。

1. 补贴奖励型政策

补贴奖励型政策主要是指地方政府为提高金融机构对地方信贷投放、企业上市融资以及金融监管和地方金融管理部门推进金融工作的积极性，通过设定一系列指标的考核，对达标主体提供一定的资金奖励、税收返还、行政事业性收费减免等政策的总称。

近年来，在地市级地方政府的示范带动下，县级地方政府陆续出台《金融机构考核奖励办法》等政策文件，对金融机构、金融监管和地方金融管理部门进行考核奖励（详见附录1-1至附录1-3政策实例）。同时，随着国内多层次资本市场的发展，为鼓励地方中小企业赴"新三板"及区域性股权交易市场挂牌上市，许多县级地方政府还出台了《企业上市融资奖励考核办法》（详见附录 1 - 4 政策实例）等政策。

此类政策效果主要体现在以下几个方面：一是直接降低金融机构网点设立及企业上市融资成本，调动金融机构网点设立和企业上市融资积极性。作者实地调查发现，地方政府为企业上市提供的奖励资金基本能够覆盖企业上市所需的前期投入。二是通过对金融机构信贷投放额度和企业上市融资额度的考核奖励，提高金融机构和金融市场对县域经济的支持力度。三是提高地方政府金融管理部门推动地方金融改革与发展的积极性。

此类政策在短期内可以达到立竿见影的政策效果，但是长期来看对于地方金融市场秩序和区域金融稳定埋下隐患。一是违背了金融市场基本的价值规律，政府对金融机构和上市企业的补贴奖励，尤其是对金融机构高管个人的奖励直接引致金融机构网点设立、信贷投放、不良贷款核销等市场行为的扭曲，刺激银行过度授信和企业过度融资，为企业的良性发展和金融市场的稳定埋下隐患。二是直接的补贴奖励和税收返还在消耗大量财力的同时也减少了地方税收收入。三是降低了财政支出效率，大量直接和无偿的支出不利于财政资金的循环使用和支出绩效的考核管理。四是容易引发地方政府之间通过金融政策的"竞次"进行恶性竞争。

2. 信息服务型政策

信息服务型政策，是指政府通过组织银企对接会、搭建信息服务平台等方式降低金融市场信息不对称程度和融资交易成本。此类政策主要包括以下几种形式：一是银企对接会。信息服务类政策最为常见的形式是政府组织银企对接会，对接会的时间灵活，形式多样，既有月度或季度的对接会，也有围绕特定主题的不定期的对接会（详见附录 1 - 5 政策实例）。二是搭建信息发布平台和信息资料汇编。一些地方政府管理部门还通过搭建媒体信息发布平台、编制金融资料汇编等方式汇集、整理并发布银企供求信息和政府政策信息（详见附录 1 - 6 政策实例）。三是对县内优质企业和重要企业采用动态名单制管理，降低金融机构识别成本和银企交易成本。这种名单制方式提高了银行和企业的互信程度，在一定程度上体现了地方政府的增信作用，尽可能确保企业资金运行的连续性和稳定性，避免了银行急于抽贷和企业负责人跑路等恶性事件的发生。四是组织对地方中小企业高管人员进行教育培训，通过"请进来"和"走出去"相结合的方式，开阔企业家眼界思路，帮助他们更好地提升经营管理水平，为上市（挂牌）融资做准备。五是部分县域成立了金融服务中心，作为固定的实体平台专门为银行和企业提供信息服务（详见附录 1 - 7 政策实例）。

信息服务型政策的作用主要包括：一方面架起企业与金融机构之间的桥梁。当前县域金融环境还不完善。金融机构以及中小企业对彼此的需求不能充分把握。通过银企对接会等形式，方便金融机构了解中小企业的生产及资金需求现状，及时调整经营策略；中小企业也有机会与金融机构进行充分交流，满足其发展需求。另一方面消除信息不对称，降低金融业信息获取成本。通过信息平台的建设以及金融资料的发布，实现信息共享，有利于资金供需双方的相互了解，降低了信息获取成本及资金运转成本，最终有利于县域金融业的发展和经济增长。

3. 信用建设型政策

当前我国县域农村金融市场信用体系不完善是制约中小微企业和"三农"客户群体融资难、融资贵的重要因素。在中国人民银行企业信用信息查询系统和居民信用信息查询系统的基础上，许多地方政府通过整合各个地方政府部门所产生的信用信息，搭建地方信用体系，其主要工作包括以下几个方面：一是建立社会信用主体信用档案体系（详见附录 1 - 8 和附录 1 - 9 政策实例）。二是农村信用体系建设即信用村、信用户、企业及个人信用评定（详见附录 1 - 10 政策实例）。三是信用环境和惩戒机制建设，如金融法庭建设，净化信用环境，信用建设宣传等（详见附录 1 - 11 政策实例）。县域信用体系是一系列信用制度安排的综合体现，它的建立对于促进县乡中小企业诚信经营、降低市场交易成本、改善"融资难"局面、构建和谐新农村都发挥着巨大的作用，是维系和促进县域经济社会健康有序发展的重要保障。

4. 政府增信型政策

增信型政策是指政府在中小企业信用不足以满足金融机构放款标准

的情况下，以自身信用作担保，来保证中小企业资金获取的一类政策。县域中小微和"涉农"信贷主体信用资产不足是其面临信贷约束的主要原因，而政府信用是县域金融层面最为重要的增信来源。长期以来县级地方政府以各种方式为地方经济主体的融资提供增信支持。

目前政府增信的主要方式有三种：一是政府出资设立助保金。首先，地方政府将财政支持资金以风险补偿资金的形式存入保证金账户，形成资金的规模效应和杠杆放大效应。其次，提出申请的受助企业经助保金管理部门资格认定并缴纳部分助保金后，取得参贷资格。最后，合作银行对取得贷款资格的受助企业进行合规性审查，审查通过后办理贷款手续，风险由政府、银行、企业共同负担（详见附录 1 - 12 政策实例）。二是组建或注资偿贷周转金（过桥基金）。其运作模式是由地方政府全资或与运营企业合资组建偿贷周转金资金池，然后由受助企业投入一定比例的资金作为保证金，当受助企业在银行续贷期间产生资金需求，则由偿贷周转金为其提供续贷期间的资金支持（详见附录 1 - 13 政策实例）。三是地方政府设立融资性担保公司或担保基金。由于县域商业性融资担保公司管理运营混乱、担保能力有限，银行金融机构往往指定具有政府背景的融资性担保公司为企业提供担保服务，为此，许多地方政府以其经信部门或财政部门下属担保公司为依托打造政策性融资担保服务平台，为中小企业融资提供担保服务（详见附录 1 - 14 政策实例）。

政府信用的嵌入一方面保证了小微企业及三农的融资来源，降低了银行的放贷风险，增加了银行放贷的积极性；另一方面保证了企业资金链正常运转，因此对于缓解中小微企业融资困境、避免优质企业资金链断裂和防范地方担保圈风险发挥了不可或缺的作用。但是当前经济下行期现有政府增信机制面临着严峻挑战：一是银行、企业和担保（过桥）基金三方风险分担机制不合理，企业信用违约后银行往往将所有风险推向信用担保方，要求其代偿全部贷款，导致大量国有或政府参股的担保公司在经济下行期代偿压力骤增甚至停摆。而偿贷周转金也成为失信企业的"唐僧肉"，使财政资金遭受难以追回的严重损失。二是政府财政资金政策效果有限。政府财政资金对社会资本和银行信贷的撬动作用十分有限，放大比例被锁定在 10 倍以内，随着县域中小企业融资规模的扩大，政府财政投入不可能实现持续跟进。

3.3.2 政府竞争视角下政府干预政策的空间溢出机理

地方政府对金融市场的干预很大程度上受地方政府竞争因素的影响，现有研究基于财政分权理论解释了政府竞争是地方政府干预金融发展的重要推动力量。如文献部分所述，改革开放以来我国实行的财政分权使地方政府成了以经济利益最大化为目标的拥有独立经济利益的政治组织，引发了地方政府间的"横向竞争"（Qian and Roland，1998；周业安，2002），而以经济增长为目标的干部考核机制使地方政府及其官员同时面临经济发展和政治晋升的双重压力（周黎安，2004），竞争压力迫使地方政府设法在市场上吸引要素尤其是资本的流入以促进当地的经济增长（李涛和周业安，2009），也强化了地方政府干预金融集聚的动机。金融资源作为各种资源的龙头与核心，自然成为地方政府争夺的对象，一方面地方政府依靠金融功能的财政化来替代弱化的财政功能，进而为地方经济发展获取更多资金支持，另一方面通过积极干预地方经济金融事务为政治晋升获取更多筹码（周立，2003）。因此，为助推县域经济发展，县级地方政府全方位、多渠道加强了对金融资源的吸引，县域金融集聚总体水平不断提高。但是县域层面金融资源和制度资源的双重稀缺导致县级地方政府围绕金融资源的竞争日趋激烈。

根据县级地方政府金融干预政策对县域内和县域外金融集聚影响效果的差异，可将其分为进取型政策和保护型政策两类。进取型政策是指能够同时提高县域内和县域外金融集聚水平的政策。主要包括县级地方政府围绕农村产权制度完善、社会信用体系建设、地方金融组织体系构建、政府增信水平提高以及金融机构服务模式创新所出台的政策。保护型政策是指仅有利于提高县域内金融集聚水平，但是对县域外及县域整体金融集聚水平产生不利影响的政策，例如县级地方政府对本县范围内金融机构设立分支机构的数量、信贷投放规模、呆坏账核销规模、税收贡献以及企业利用资本市场融资规模等进行考核，并根据完成情况向金融机构及其管理人员、上市融资企业甚至是政府金融管理部门及其主要负责人提供财政存款存放、税收减免、土地出让金减免、经营费用补贴、奖金奖励的政策。

如果不考虑区域间的经济联系，进取型政策和保护型政策可能都会促进县域金融集聚水平的提高，但是在空间关联视角下，政府干预存在空间溢出效应，其不仅对本地区金融集聚产生影响，也会对其他地区金融集聚产生影响。"进取型政策"不仅有助于提高县域金融集聚水平，而且被县域外学习效仿后亦能够提高县域外金融集聚水平，长期来看该类政策的推广也能在县域间形成合力，推动县域金融集聚水平的整体提升，故此类政策对其他地区的金融集聚具有正向空间溢出作用。"保护型政策"可以在短期内提高县域内金融集聚水平，最大限度地吸引县域外金融资源的流入，但是此类政策并非着眼于金融市场的完善和地方政府之间的协作，而是致力于对现有金融资源的争夺，甚至引发地方政府之间围绕金融资源展开"逐底竞争"（Race to the Bottom），所以不利于县域整体金融集聚水平提高。显然，在考察政府干预对金融集聚的影响时，不仅需要考虑其对县域内的影响，亦不可忽视其可能存在的空间溢出效应。政府竞争压力下，地方政府及其主要官员由于面临经济发展和实现政治晋升的压力，更加追求短期政策效果的最大化，其出台的干预政策首先会考虑本地区金融集聚水平的提高，而倾向于采用"保护型政策"，进而形成对其他地区的负向空间溢出。

综上所述，空间关联视角下，地方政府会在竞争压力下相互模仿学习其他地区的干预政策并对政策选择倾向性产生影响，从而使政府干预对县域内和县域外金融集聚的影响呈现截然相反的溢出效果。

3.4　分析框架与理论假说

本书根据政府竞争视角下地方政府金融政策选择的倾向性及其对县域金融集聚产生的空间溢出效应，建立如图 3-1 所示的分析框架。县域 A 和县域 B 是两个在地理上或者经济上相邻或相近的县级单位；虚线框架内是由两县构成的地区单位，虚线框架外是两县以外的县域外或者地级市的市辖区等；实线箭头代表金融资源的流动方向，虚线箭头代表政府干预政策的空间溢出方向。两县金融政策类型决定了金融资源的来源及流动方向。

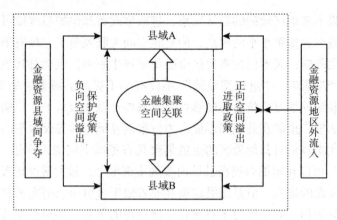

图 3 – 1　分析框架示意图

　　县域 A 和县域 B 地方政府可以通过两类干预政策提高地区金融集聚水平：第一，进取型政策。县域经济由大量中小微企业和农村经济主体构成，现有产权制度及信用体系的缺失对县域金融集聚产生了显著的"硬约束"，所以产权制度的完善、信用体系的建设以及政府增信体系的建立对县域金融集聚尤为重要。此类干预政策，会优化地区整体制度环境，吸引地区外金融资源的流入，将地区金融资源的蛋糕"做大"。第二，保护型政策。地方政府可以通过提供"政策租"影响金融资源的实际成本和名义成本，如利用各种税费减免、补贴奖励等政策吸引金融机构的入驻和信贷投放力度的加大，而且此类政策效果更为简单、直接和迅速，因为此类政策能够在尽量吸引对方县域金融资源流入的同时避免县域内金融资源的流出。此类干预政策不会对金融环境的改善和金融市场发展产生长远促进作用，但是能够尽量避免县域内金融资源的流出，同时最大限度地吸引外地金融资源的流入。因此不论县级地方政府采用哪种金融政策，均可以吸引金融资源的流入，提高本县金融集聚水平。

　　由于进取型政策和保护型政策均能够提高县域自身金融集聚水平，现实中往往被县级地方政府同时采用。如果县域 A 和县域 B 均倾向于采用进取型政策，那么两县金融集聚形成"双赢"局面，进而提高县域整体金融集聚水平，从而体现为合作型竞争关系，此时整个地区范围内政府干预对金融集聚的正向总效应也会被进一步放大。但是由于政府竞争因素的存在，如果县域 A 和县域 B 中的一方甚至双方往往更倾向于采用保护型政策，那么两县会陷入对现有金融资源的争夺，从而形成"非合作型"竞争关系。此时政府干预政策在区域间的溢出效应为负且部分甚至全部抵消干预政策在县域内对金融集聚的促进作用，使得正向总效应减小甚至变为负向效应。

基于前文分析框架，本书提出如下理论假说：

理论假说1：县域金融集聚水平在地理空间上并非呈现随机分布，而是与其地理位置密切相关，即存在空间关联效应。

理论假说2：空间关联背景下，县域金融集聚的主要影响因素的空间溢出是县域金融集聚产生空间关联的重要原因，经济基础、政府干预、投资水平及人力资本等影响因素不仅对县域内金融集聚产生影响，也会对县域外金融集聚水平产生影响。

理论假说3：政府竞争视角下，政府干预对县域金融集聚存在空间溢出效应。竞争压力下地方政府在金融干预政策的选择上存在自利倾向，从而对县域内和县域外的金融集聚产生截然相反的溢出效果。

第 4 章 县域金融集聚空间 关联效应检验

理论分析表明，县域金融集聚存在空间关联效应，即县域金融集聚与其临近县域金融集聚是密切相关的，而空间自相关检验能够反映这种空间相关的强弱。本章运用探索性空间数据分析方法和 2002～2014 年全国 1895 个县的数据对县域金融集聚的空间关联效应进行实证检验，完成对本书第一个理论假说的验证。本章主要内容包括两部分：一是通过全域自相关检验探索县域金融集聚是否存在空间关联效应；二是通过局域自相关检验获知金融集聚水平的具体空间分布，依据检验结果生成的散点图形象地识别县域金融集聚的空间分布。

4.1 县域金融集聚空间关联效应检验方法

探索性空间数据分析方法（ESDA）的核心是对空间自相关性进行测度，空间自相关是指一个变量在不同空间位置上的相关性。通过对空间自相关的测度可以检验县域金融集聚是否显著地与其临近县域的金融集聚水平相关联，如果关联水平高，则说明县域之间的金融集聚水平存在集聚现象，否则就表明县域之间的金融集聚水平相对独立，不存在空间集聚现象。因此探索性空间数据分析方法可以用于分析县域金融集聚的空间关联状况。

4.1.1 全局空间自相关指数

全局空间自相关指数（Moran's I）是常用的检验空间数据是否具有空间相关性的方法，该统计量计算公式如下：

$$\text{Moran's I} = \frac{\sum\limits_{i=1}^{n}\sum\limits_{j=1}^{n}W_{ij}(Y_i - \overline{Y})(Y_j - \overline{Y})}{S^2\sum\limits_{i=1}^{n}\sum\limits_{j=1}^{n}W_{ij}} \tag{4-1}$$

式（4-1）中，$S^2 = \dfrac{1}{n}\sum\limits_{j=1}^{n}(Y_i - \overline{Y})$，$\overline{Y} = \dfrac{1}{n}\sum\limits_{j=1}^{n}Y_i$，$Y_i$ 表示第 i 个区域的观测值，n 为县域总数。Moran's I 的取值在 -1~1 之间，如果各个县域之间金融集聚水平存在空间集聚效应，其绝对值较大；绝对值较小则意味着县域金融集聚的空间集聚效应较弱。

根据全域 Moran's I 指数计算结果，可采用正态分布假设检验 n 个县域是否存在空间自相关关系，Moran's I 的正态统计量 Z 值计算公式为：

$$Z(d) = \frac{\text{Moran's I} - E(I)}{\sqrt{\text{VAR}(I)}} \tag{4-2}$$

根据空间数据的分布可以计算正态分布 Moran's I 的期望值和方差为：

$$E_n(I) = -\frac{1}{n-1} \tag{4-3}$$

$$\text{VAR}(I) = \frac{n^2 w_1 + n m_2 + 3 w_0^2}{w_0^2(n^2 - 1)} - E_n^2(I) \tag{4-4}$$

式（4-2）~（4-4）中，$w_0 = \sum\limits_{i=1}^{n}\sum\limits_{j=0}^{n}w_{ij}$，$w_1 = \dfrac{1}{2}\sum\limits_{i=1}^{n}\sum\limits_{j=0}^{n}(w_{ij} + w_{ji})^2$，$w_2 = \sum\limits_{i=1}^{n}(w_{i.} + w_{j.})^2$，$W_{i.}$ 和 $W_{j.}$ 分别为空间权重矩阵中 i 行和 j 列之和。

如果 Moran's I 指数的正态统计量的 Z 值大于正态分布函数在 0.05 水平下的临界值 1.96，表明县域金融集聚在空间分布上具有明显的正相关关系，正的空间相关代表相邻县域的类似特征值出现集群趋势，表明县域金融集聚存在空间集聚效应；反之则不存在空间自相关关系，表明县域金融集聚不存在空间集聚效应。

4.1.2 局域空间自相关指数

局域空间自相关一般采用局域 Moran's I（Local Moran's I）统计量来测度，计算公式如下：

$$I_i = Z_i \sum_{j=1}^{n} W_{ij}Z_j \qquad (4-5)$$

式（4-5）中，Z_i 和 Z_j 分别为空间单元 i 和 j 上观测值的标准化值。后续检验方法同步骤（1）类似，在此不再赘述。

4.1.3 局域空间自相关散点图

在局域自相关分析中，除采用 Moran's I 统计量进行检验之外，还可以使用 Moran's I 散点图进行检验，即用散点图描述变量 Z 与其空间滞后（即该观测值周围县域的加权平均）向量 Wz 之间的相关关系，其中横轴对应描述变量，纵轴对应空间滞后向量，四个象限分别识别一个县域金融集聚及其邻近县域金融集聚的关系：

第一象限（HH）：金融集聚水平高的县域被金融集聚水平高的县域外所包围；

第二象限（LH）：金融集聚水平低的县域被金融集聚水平高的县域外所包围；

第三象限（LL）：金融集聚水平低的县域被金融集聚水平低的县域外所包围；

第四象限（HL）：金融集聚水高的县域被金融集聚水平低的县域外所包围。

一、三象限正的空间自相关关系表示相似观测值之间的空间联系，暗示县域之间存在相似的金融集聚水平和较强的空间关联效应；二、四象限负的空间自相关关系表示不同观测值之间的空间联系，暗示县域之间存在金融集聚水平的差异和较弱的空间关联效应；如果观测值均匀地分布在四个象限，则表示县域之间的金融集聚水平不存在空间自相关性，即不存在空间关联效应。

4.2 县域金融集聚空间关联效应检验

4.2.1 数据来源

结合县域数据的可得性及县域金融特点，本章采用银行金融机构贷款余额与地区生产总值之比来衡量县域金融集聚水平，因为当前县域层面依然以银行为代表的间接融资为主导，贷款规模对金融资源规模具有较强的代表性，而且中国人民银行目前只统计并公布省级层面的社会融资规模数据，委托贷款、信托贷款、企业债券以及股票融资等融资方式尚无准确、系统和连续的分县数据，因此县域层面的直接融资规模以及金融机构以外的社会融资行为还无法精确描述。

本章以全国县级行政单位作为研究对象，剔除了市辖区、直辖市所属县（市）以及因行政区划变动等原因导致部分年份数据缺失的县级单位，最终得到1895个县（市）样本。所有数据均来源于2003～2015各年《中国县（市）社会经济统计年鉴》。需要说明的是，由于2012年以及2013年《中国（县市）社会经济统计年鉴》中没有提供各县域2011～2012年的地区生产总值数据，同时考虑到县域地区第三产业总体发展水平较低，故本章所有年份均使用第一产业和第二产业产值之和近似替代地区生产总值，后续相关指标的计算亦是如此。县域金融集聚水平的描述性统计分析如表4-1所示。

表4-1　　　　县域金融集聚水平描述性统计分析

年份	平均值	标准差	最小值	中位数	最大值
2002	0.974	0.794	0.0554	0.800	12.85
2003	0.964	1.462	0.0225	0.773	56.29
2004	0.816	0.732	0.000429	0.658	19.29
2005	0.757	0.619	0.0218	0.608	11.09
2006	0.731	0.567	0.000313	0.597	9.478
2007	0.688	0.556	0.000240	0.557	10.28
2008	0.613	0.487	0.00246	0.492	6.714
2009	0.726	0.550	0.0140	0.590	5.742
2010	0.753	0.574	0.0133	0.603	6.237
2011	0.729	0.544	0.00734	0.594	6.789
2012	0.781	0.577	0.00965	0.649	7.450
2013	0.859	0.627	0.000386	0.714	7.794
2014	0.976	0.733	0.00570	0.798	10.64
Total	0.797	0.729	0.000240	0.646	56.29

4.2.2 空间权重矩阵设定

由于相邻县域之间在经济金融方面的联系更为紧密，因而成为县域金融集聚空间集聚的重要影响因素，为界定县域间的邻接关系，我们构建两种空间权重矩阵：一是空间邻接矩阵；二是空间反距离矩阵。

1. 空间邻接矩阵

地理上的相邻是县域金融集聚产生空间关联的基本原因，据此本章设置空间邻接权重矩阵来反映这种空间邻接关系，该矩阵元素在县域单位相邻时取值为1，不相邻时取值为0，对角线元素设置为0，矩阵形式如公式（4-6）所示：

$$W_{ij} = \begin{cases} 1 & \text{当区域 i 和区域 j 相邻} \\ 0 & \text{当区域 i 和区域 j 不相邻} \end{cases} \quad (4-6)$$

式（4-6）中，$i=1, 2, \cdots, n$；$j=1, 2, \cdots, m$；$m=n$ 或 $m \neq n$。习惯上，令 W 的所有对角线元素 $W_{ij}=0$。另外，基于 Rook 的临界性规则要求区域之间至少有一条边而不是一个点相邻才视为邻接。

2. 空间距离矩阵

按照地理距离构造空间权重矩阵符合地理学第一定律，即任何事物与其他周围事物之间均存在联系，而距离较近的事物总比距离较远的事物联系更为紧密。因此，空间距离权重矩阵假定空间效应强度取决于距离，空间单元之间距离越接近则空间效应越强，因此对空间关系的刻画比邻接权重更加细腻。矩阵元素是根据经纬度计算出的空间单元质心之间球面距离平方的倒数，对角线元素设置为0，矩阵形式如公式（4-7）所示：

$$w_{ij} = \begin{cases} 1/d^2, & i \neq j \\ 0, & i = j \end{cases} \quad (4-7)$$

为了消除权重矩阵量纲的影响，实证过程中本章对所有权重矩阵进行行标准化处理（Row Standardization），从而使权重矩阵每一行元素之和均为1。最后，本章所用空间权重矩阵利用 GeoDa 1.6.7 软件生成。

4.2.3 全局空间自相关检验结果及分析

基于空间邻接及空间反距离两种权重矩阵对县域金融集聚水平进行的空间相关性检验结果显示（如表4-2所示）。

表4-2　　　　　　金融集聚及政府干预变量 Moran's I 检验结果

年份	空间邻接权重矩阵	空间距离权重矩阵
2002	0. 364 ***	0. 225 ***
2003	0. 135 ***	0. 110 ***
2004	0. 280 ***	0. 187 ***
2005	0. 277 ***	0. 176 ***
2006	0. 270 ***	0. 161 ***
2007	0. 237 ***	0. 131 ***
2008	0. 354 ***	0. 173 ***
2009	0. 412 ***	0. 213 ***
2010	0. 390 ***	0. 211 ***
2011	0. 407 ***	0. 221 ***
2012	0. 384 ***	0. 216 ***
2013	0. 368 ***	0. 209 ***
2014	0. 313 ***	0. 180 ***

注：*、** 和 *** 分别表示在10%、5% 和1% 的统计水平上显著。

两种空间权重下，2002～2014 年间我国县域金融集聚水平均在1%的水平上显著大于0，明显偏离空间随机分布，表明临近县域的金融集聚及政府干预存在明显的空间相关性，即县域金融集聚空间关联效应。总体来看，空间距离权重矩阵下县域金融集聚空间关联效应低于空间邻接权重矩阵下的空间关联效应，这主要是因为空间距离权重矩阵相对于空间邻接权重矩阵能够更加细腻地刻画县域之间的空间关系，因而该权重矩阵下所体现的县域金融集聚空间关联效应更加准确。但不论是那种空间权重矩阵下，我国县域金融集聚的关联效应都呈现相同的变动趋势，其中 2008 年以后上述关联效应明显增强并在 2009 年达到顶峰之后有所减弱。最后，上述检验结果也表明在进一步分析县域金融集聚影响因素时，不能忽略地理因素和空间溢出效应的影响。上述空间相关性检验借助 Stata 14.0 软件实现。

4.2.4　局域空间自相关检验结果及分析

县域金融集聚的局域 Moran's I 指数及散点图用于观察县域金融集聚的局部特征。限于篇幅，本章通过图 4-1 至图 4-4 展示了 2002 年、2006 年、2010 年以及 2014 年四个代表年份县域金融集聚水平的空间分布特征，从图中可以看出，代表县域的点在四个象限中的分布并不均匀，表明县域金融集聚空间分布存在空间关联效应，其中位于第一象限和第三象限的县域数量居多，表明金融集聚水平相近的地区呈现集聚分布特征，即呈现出金融集聚水平"高—高"或"低—低"集聚的特征。

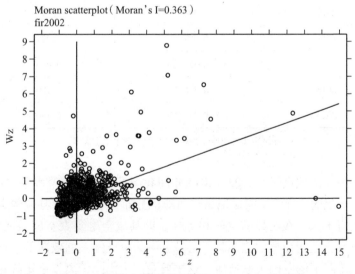

图 4-1　2002 年县域金融集聚 Moran's I 散点图

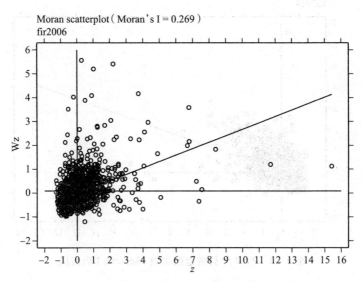

图 4 – 2　2006 年县域金融集聚 Moran's I 散点图

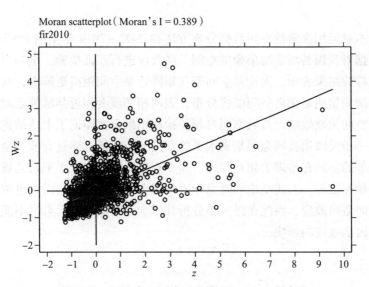

图 4 – 3　2010 年县域金融集聚 Moran's I 散点图

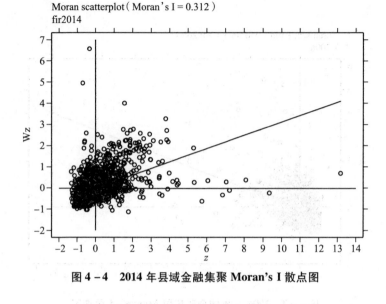

图 4 – 4　2014 年县域金融集聚 Moran's I 散点图

4.3　本 章 小 结

　　本章运用探索性空间数据分析方法和 2002 ~ 2014 年全国 1895 个县的数据对我国县域金融集聚的空间关联效应进行实证检验。全局空间自相关检验结果表明，无论是空间邻接矩阵还是空间距离矩阵下，我国县域金融集聚明显偏离空间随机分布，表明相邻或者相近县域的金融集聚存在空间关联效应。局域空间自相关检验结果再次印证了上述结论，并且进一步反映出县域金融集聚水平的空间分布特征，即具有较高金融集聚水平的县域在地理上相互临近，而具有较低金融集聚水平的县域在地理上相互临近。上述结论同时意味着县域金融集聚的影响因素也可能存在空间溢出效应，因此在进一步分析县域金融集聚影响因素时不能忽略空间溢出效应的影响。

第5章　县域金融集聚影响因素空间计量分析

县域金融集聚影响因素的空间溢出效应是县域金融集聚产生空间关联的重要机理，因此在分析县域金融集聚影响因素时必须考虑到他们在县域之间的溢出效应。鉴于此，本章应用山东省 2004~2012 年 90 个县域的面板数据，采用空间杜宾模型，实证分析县域金融集聚影响因素及其空间溢出效应，进而完成对本书第二个理论假说的检验。

5.1　计量模型及数据

5.1.1　计量模型

1. 空间杜宾模型设定

在传统的线性回归分析当中，解释变量互相正交与样本之间彼此无关是最基本的假设条件。然而区位因素总会引起空间效应，直接将古典模型应用于与地理区位相关的数据，可靠程度往往不高。为了更好分析空间关联效应下县域金融集聚影响因素，本章选用空间杜宾模型进行实证方面分析，形式如公式（5-1）所示：

$$y = al_n + \rho Wy + \beta X + \theta WX + \varepsilon \tag{5-1}$$

式中，y 为因变量，表示金融集聚程度；ρWy 表征相邻县域金融集聚程度对县域内金融集聚程度的影响，其中 W 为邻接权重矩阵，用于表示县域之间的空间关系，ρ 为空间相关系数，如果 ρ 大于 1，表明县域金融集聚存在正向空间关联效应，如果 ρ 小于 1，表明县域金融集聚存在负向空间关联效应，如果 ρ 等于 1，表明县域金融集聚之间无相关关系；X 为解释变量，β 为解释变量的系数矩阵；WXr 表示相邻县域自变量由于空间溢出而对县域内金融集聚产生的影响，系数 θ 则体现了这种影响的方向和影响程度。α 是常数项，ε 是随机误差项，服从期望为 0，方差为 σ^2 的标准正态分布；l_n 为 $n \times 1$ 阶单位矩阵，n 为县域个数。

2. 空间权重矩阵设定

根据空间计量经济学方法原理，金融集聚影响因素空间计量分析的思路如下：首先采用 Moran's I 指数法检验被解释变量是否存在空间自相关。Moran's I 指数可看作各地区观测值的乘积和，其取值范围在 -1 ~ 1 之间，若各地区间经济行为为空间正相关，其数值应当较大；负相关则较小。如果存在空间自相关，则适合采用空间计量经济模型进行分析。其计算公式为：

$$\text{Moran's I} = \frac{\sum\limits_{i=1}^{n} \sum\limits_{j=1}^{n} W_{ij}(Y_i - \overline{Y})(Y_j \overline{Y})}{S^2 \sum\limits_{i=1}^{n} \sum\limits_{j=1}^{n} W_{ij}} \qquad (5-2)$$

式中，$S^2 = \dfrac{1}{n} \sum\limits_{i=1}^{n} (Y_i - \overline{Y})$；$\overline{Y} = \dfrac{1}{n} \sum\limits_{i=1}^{n} Y_i$，$Y_i$ 表示第 i 地区的观测值；n 为地区总数；W_{ij} 为二进制的邻接空间权值矩阵，该矩阵元素在县域单位相邻时取值为 1，不相邻时则取值为 0，对角线元素设置为 0。具体如公式（5-3）所示。此外，为了消除权重矩阵量纲的影响，实证过程中我们对权重矩阵进行行标准化处理（Row Standardization），从而使权重矩阵每一行元素之和均为 1。

$$w_{ij} = \begin{cases} 1, & \text{当县域 i 和县域 j 相邻;} \\ 0, & \text{当县域 i 和县域 j 不相邻} \end{cases} \qquad (5-3)$$

5.1.2 指标与数据

1. 被解释变量

根据金融集聚的定义，其不仅包含金融机构的集聚，也包含金融资源的集聚，由于现阶段我国县域金融市场仍不发达，金融产业发展处于初级阶段，以银行贷款为代表的间接融资依然占据主导地位，所以银行贷款规模能够很好地代表县域金融资源的丰富程度，而银行贷款规模占当地 GDP 的比例则能较好地衡量县域金融资源的集聚水平。一般情况下，金融资源集聚水平越高的地方这一比值就越高，同时又考虑到县域数据的可得性，本章选择贷款规模与 GDP 的比值来衡量县域金融集聚程度。此外，本章还曾考虑以县域社会融资规模占地区总产值的比重衡量县域金融集聚水平，但是调查发现中国人民银行只统计并公布省级层面的社会融资规模数据，委托贷款、信托贷款、企业债券以及股票融资等融资方式尚无准确、系统和连续的分县数据。

2. 解释变量

（1）经济基础。当前金融机构设立网点并在当地进行贷款投放的重要参考指标是当地储蓄资源丰富程度及人均储蓄率。因为金融机构存款竞争要大于贷款竞争，在利率尚未完全市场化条件下，金融机构的竞争更多体现在对存款资源的争夺，贷款的投放也要基于存款来转化。由于个人储蓄率等于个人储蓄与个人可支配收入的比率，考虑到县域数据的可得性，本章选取"人均储蓄余额"（平减后）作为金融基础代理变量。

（2）政府干预。中央政府通过向地方政府下放一部分财政管理与决策权实现一定程度的财政分权，这保证了地方政府对当地金融集聚水平的干预能力。现有文献对政府干预程度进行衡量的指标常有以下三个："支出指标（Expenditure Index）"、"收入指标（Revenue Index）"及"财政自主度指标（Fiscal Autonomy Index）"。考虑到数据的可得性，本章参考严冀等（2005）和师博等（2013）研究采用支出指标作为其代理变量，并表示为：地方财政预算支出/GDP。需要说明的是，本章使用县级地方政府公共预算支出与县域地区生产总值的比例来衡量县级地方政府干预水平，因为财政支出规模直接反映了地方政府所能够调动的资源的多寡，也就决定了县级地方政府能够从多大程度上为金融企业和金融市场发展提供"政策租"，因而能够将地方政府的直接干预和间接干预，显性干预和隐性干预全部纳入，从而更加全面地衡量地方政府干预能力。

63

（3）投资水平。我国固定资产投资在整个社会投资中占据主导地位，因此，通常所说的投资主要是指固定资产投资。固定资产投资是指投资主体垫付货币或物资，以获得生产经营性或服务性固定资产的过程。故在此，我们用"固定资产投资完成额/GDP"来代表投资水平。

（4）人力资本。人力资本属于土地，劳动，资本三个要素禀赋因素之一。人力资本变量的设置，参考姚德龙（2008）用各省区以上人口中受过高中和大专及以上教育所占的比重来衡量的做法，本章对其简单化处理，采用"中学入学人数/年末总人口"作为该县人力资本的代理变量。

3. 数据来源

本章利用山东省所有 90 个县（县级市）2004~2012 年构造了面板数据，共计 810 个观测值，主要来源于 2005~2013 各年《山东统计年鉴》以及《山东金融年鉴》，其中县级单位样本中包含了山东省除市辖区及长岛县以外的所有县（县级市）样本。因为市辖区与县（县级市）在经济金融集聚特征及财权事权划分上存在较大差异，同时市辖区分区数据也不够完整，故将其剔除。此外，长岛县作为山东省唯一的海岛县，经济总量较小、人口少，基于其特殊的地理位置和经济社会特征，亦将其剔除。表 5-1 报告了主要变量的度量方法和描述性统计结果。

表 5-1　　　　　　　　主要变量定义及描述性统计

变量名	平均值	中位数	标准差	最大值	最小值
金融集聚	0.4171	0.3925	0.1528	1.0124	0.1445
经济基础	0.9273	0.7679	0.5865	4.0457	0.1779
政府干预	0.0745	0.0683	0.0259	0.1738	0.0345
投资水平	0.4551	0.4603	0.1913	1.1222	0.0331
人力资本	0.0559	0.0553	0.0133	0.0916	0.0164

5.2　实证结果及分析

5.2.1　空间自相关检验结果

对山东省 90 县域的金融集聚水平进行空间自相关检验发现（如表 5 - 2 所示），县域之间金融集聚水平及其各个解释变量之间也存在明显的空间关联效应，适合采用空间杜宾模型进行进一步的回归分析。

表 5 - 2　　　　　　地理邻接权重下的变量的 Moran's I 指数

年份	金融集聚	经济基础	政府干预	投资水平	人力资本
2004	0. 374 ***	0. 587 ***	0. 532 ***	0. 387 ***	0. 247 ***
2005	0. 326 ***	0. 579 ***	0. 542 ***	0. 217 ***	0. 136 **
2006	0. 287 ***	0. 597 ***	0. 644 ***	0. 349 ***	0. 159 **
2007	0. 386 ***	0. 609 ***	0. 718 ***	0. 187 ***	0. 225 ***
2008	0. 377 ***	0. 612 ***	0. 648 ***	0. 184 ***	0. 311 ***
2009	0. 357 ***	0. 610 ***	0. 716 ***	0. 211 ***	0. 357 ***
2010	0. 351 ***	0. 611 ***	0. 708 ***	0. 230 ***	0. 391 ***
2011	0. 333 ***	0. 607 ***	0. 655 ***	0. 271 ***	0. 297 ***
2012	0. 405 ***	0. 605 ***	0. 626 ***	0. 115 *	0. 261 ***

注：*** 、** 和 * 分别表示 1% 、5% 和 10% 的显著性水平；括号内的数值为标准差。

5.2.2　空间计量模型估计

1. 模型估计结果

普通最小二乘法估计空间模型是有偏的和不一致的（Anselin，1988），本章采用较为常用的极大似然方法（MLE）对空间杜宾模型（SDM）进行估计。根据 Anselin（2004）的判断准则，我们利用自然对数似然函数值（LL）和赤池信息准则（AIC）在模型的不同固定效应类型中进行选择，结果显示包含时期和地点的双向固定效应模型的估计结果是最优的。表 5-3 中报告了空间杜宾模型回归结果，其中模型（1）~（4）分别表示随机效应、时期固定、地区固定以及地区和时期双固定下的回归结果。从表 5-3 可以看出，表示县域金融集聚空间关联效应的 ρ 显著大于 0，表明县域之间金融集聚水平存在正向空间关联。但是根据勒沙杰和佩斯（LeSage and Pace，2009）的研究，利用传统计量模型的点估计方法来检验变量是否存在空间溢出效应得到的结论是有偏的，即解释变量的系数估计值并不代表真实的偏回归系数，如果被解释变量的空间相关系数显著不为零，则不能直接用回归系数来度量解释变量对被解释变量的空间溢出效应，而是应该根据解释变量对被解释变量影响来源的不同，利用求偏微分的方法将解释变量的系数估计值分解为直接效应、间接效应和总效应来观测解释变量及控制变量对金融集聚的空间溢出效应。

表 5-3　　　　　　　　　　空间杜宾模型估计结果

		（1）随机效应	（2）时期固定效应	（3）地区固定效应	（4）双向固定效应
空间自相关系数		0.4025 *** (0.0360)	0.4578 *** (0.0354)	0.3881 *** (0.0361)	0.3214 *** (0.0384)
解释变量	经济基础	0.1671 *** (0.0265)	0.1736 *** (0.0145)	0.1715 *** (0.0382)	0.1743 *** (0.0385)
	政府干预	2.7165 *** (0.2643)	3.2155 *** (0.3185)	2.6203 *** (0.2659)	2.4512 *** (0.2653)
	投资水平	0.0398 ** (0.0189)	0.0606 ** (0.0270)	0.0394 ** (0.0181)	0.0375 ** (0.0182)
	人力资本	0.7404 ** (0.2988)	1.0384 ** (0.4098)	0.7037 ** (0.2909)	0.5117 * (0.2884)
解释变量空间滞后项	经济基础	-0.1673 *** (0.0297)	-0.1451 *** (0.0207)	-0.1617 *** (0.0413)	-0.1396 ** (0.0617)
	政府干预	-1.7079 *** (0.3507)	-1.4019 *** (0.4455)	-1.8301 *** (0.3886)	-2.3570 *** (0.4128)
	投资水平	0.0809 *** (0.0272)	0.0807 ** (0.0421)	0.0822 *** (0.0263)	0.0595 ** (0.0297)
	人力资本	0.7208 * (0.4284)	-0.1500 (0.6488)	0.7845 * (0.4344)	0.1444 (0.4466)

续表

	（1） 随机效应	（2） 时期固定效应	（3） 地区固定效应	（4） 双向固定效应
LL 检验	942. 373	597. 510	1130. 836	1150. 191
AIC 检验	− 1860. 746	− 1175. 021	− 2241. 600	− 2280. 381
拟合优度	0. 2991	0. 3562	0. 2995	0. 2655

注： ***、 ** 和 * 分别表示 1%、5% 和 10% 的显著性水平；括号内的数值为标准差。

2. 系数分解结果

根据勒沙杰和佩斯（2009）的研究，空间计量模型系数分解的直接效应表示解释变量对本地区被解释变量造成的平均影响，间接效应表示解释变量对其他地区被解释变量造成的平均影响，总效应表示解释变量对所有地区造成的平均影响，表 5 - 4 报告了详细的系数分解结果，系数分解方法附于本章末尾。

表 5 - 4 　　　　　　　　　　模型系数分解结果

		随机效应	时期固定效应	地区固定效应	双向固定效应
直接效应	经济基础	0. 1542 *** （0. 0235）	0. 1636 *** （0. 0133）	0. 1599 *** （0. 0342）	0. 1661 *** （0. 0362）
	政府干预	2. 6354 *** （0. 2125）	3. 2274 *** （0. 2552）	2. 5254 *** （0. 2179）	2. 3047 *** （0. 2198）
	投资水平	0. 0531 *** （0. 0201）	0. 0800 *** （0. 0299）	0. 0529 *** （0. 0194）	0. 0462 ** （0. 0201）
	人力资本	0. 8739 *** （0. 3307）	1. 1080 ** （0. 4436）	0. 8447 *** （0. 3034）	0. 5572 * （0. 3013）
间接效应	经济基础	− 0. 1575 *** （0. 0329）	− 0. 1099 *** （0. 0274）	− 0. 1504 *** （0. 0420）	− 0. 1257 （0. 0838）
	政府干预	− 0. 9408 ** （0. 4490）	0. 1928 （0. 5679）	− 1. 1406 ** （0. 4974）	− 2. 0629 *** （0. 5029）
	投资水平	0. 1446 *** （0. 0398）	0. 1947 *** （0. 0662）	0. 1524 *** （0. 0359）	0. 1043 *** （0. 0397）
	人力资本	1. 4287 ** （0. 5936）	0. 5025 （1. 0810）	1. 5688 ** （0. 6600）	0. 4234 （0. 6366）

67

续表

		随机效应	时期固定效应	地区固定效应	双向固定效应
总效应	经济基础	-0.0033 (0.0243)	0.0537 ** (0.0282)	0.0095 (0.0330)	0.0405 (0.0908)
	政府干预	1.6945 *** (0.4504)	3.4202 *** (0.5741)	1.3848 *** (0.5236)	0.2417 (0.5372)
	投资水平	0.1977 *** (0.0416)	0.2747 *** (0.0752)	0.2053 *** (0.0382)	0.1504 *** (0.0446)
	人力资本	2.3027 *** (0.7446)	1.6105 (1.2129)	2.4135 *** (0.6888)	0.9806 (0.6573)

注：***、** 和 * 分别表示1%、5%和10%的显著性水平；括号内的数值为标准差。

表5-4结果表明，经济基础对县域金融集聚影响的直接效应为正，表明经济基础对县域金融集聚产生了积极的影响，体现了县域经济发展对促进金融资源集聚的基础性作用。经济基础对县域金融集聚的间接效应为负，表明县域金融集聚形成了对县域外金融资源的吸引。总效应小于直接效应则进一步表明县域金融资源的整体匮乏和对金融资源的争夺，表明空间关联视角下，经济基础对县域内金融集聚存在正向效应，对县域外金融集聚存在负向效应。政府干预对县域金融集聚的直接效应为正，说明地方政府的干预政策加速了本地金融集聚过程。但与此同时，负向的间接效应和被削弱的总效应则表明地方政府之间对金融资源的干预更多的是依靠提供补贴、奖励等"政策租"保护型政策，地方政府之间围绕金融资源的争夺甚于相互之间的合作，从而表明空间关联视角下政府干预能够加速县域内金融集聚，同时削弱县域外金融集聚水平。最后投资水平和人力资本水平对县域内和县域间的直接效应和间接效应均为正，总效应也因此被放大，表明空间关联视角下投资水平和人力资本能够提高县域整体金融集聚水平。表明加大投资力度和提高人力资本水平不但能够提高县域内金融集聚水平，而且能够通过产业协同、基础设施互联互通及技术溢出等渠道提高县域外金融集聚水平，进而提高县域金融集聚的整体水平。

5.3　本 章 小 结

本章应用山东省 2004～2012 年 90 个县域的面板数据，采用空间杜宾模型，通过衡量各个解释变量对金融深化的影响，研究发现：第一，经济基础、政府干预、投资水平以及人力资本等因素均能够提高县域内金融集聚水平，表明县域金融集聚与县域经济的发展，政府公共服务水平的提高和政策支持力度以及地方投资水平及人力资本水平密切相关，体现了金融与经济存在良性互动关系以及知识和技术对金融集聚水平提高的有力支撑。第二，经济基础和政府干预在提高县域内金融集聚水平的同时降低了县域外金融集聚水平，一方面表明县级层面金融资源相对匮乏，另一方面表明县域金融政策存在"非合作型"竞争，从而导致县域金融集聚水平呈现此消彼长的状况。而投资水平和人力资本水平则促进了地区总体金融集聚水平的提高，地方政府应该加强金融政策的区域间协调与和合作，通过推动区域投资和人力资本合作来促进区域整体金融集聚水平的提高。

本章附录：空间计量模型的系数分解方法

首先建立本章的空间杜宾模型，如公式（1）所示，然后经过公式（2）的变换将其改写为公式（3）。

$$y = al_n + \rho Wy + \beta X + \theta WX + \varepsilon \tag{1}$$

$$(I_n - \rho W)y = \alpha \iota_n + \beta X + \theta WX + \varepsilon \tag{2}$$

$$\begin{cases} y = \sum_{r=1}^{k} S_r(W)x_r + V(W)\iota_n\alpha + V(W)\varepsilon \\ S_r(W) = V(W)(I_n\beta_r + W\theta_r) \\ V(W) = (I_n - \rho W)^{-1} = I_n + \rho W + \rho^2 W^2 + \rho^3 W^3 + \cdots \end{cases} \tag{3}$$

式中，I_n 是 n 阶单位矩阵；k 为解释变量个数，x_r 为第 r 个解释变量，$r = 1$，2，…，k，β_r 为解释变量向量 X 中第 r 个解释变量的回归系数，θ_r 表示 WX 的第 r 个变量的估计系数。为了解释 $S_r(W)$ 的作用，将式（3）改写为式（4），某个地区 $i(i = 1, 2, …, n)$ 的 y_i 可以表示为式（5）。

$$\begin{pmatrix} y_1 \\ y_2 \\ \vdots \\ y_n \end{pmatrix} = \sum_{i=1}^{k} \begin{pmatrix} S_r(W)_{11} & S_r(W)_{12} & \cdots & S_r(W)_{1n} \\ S_r(W)_{21} & S_r(W)_{22} & & \\ \vdots & \vdots & \ddots & \\ S_r(W)_{n1} & S_r(W)_{n2} & \cdots & S_r(W)_{nn} \end{pmatrix} \begin{pmatrix} x_{1r} \\ x_{2r} \\ \vdots \\ x_{nr} \end{pmatrix} + V(W)\iota_n\alpha + V(W)\varepsilon$$

$$(4)$$

$$y_i = \sum_{i=1}^{k} \left[S_r(W)_{i1}x_{1r} + S_r(W)_{i2}x_{2r} + \cdots + S_r(W)_{in}x_{nr} \right]$$
$$+ V(W)\iota_n\alpha + V(W)_i\varepsilon \qquad (5)$$

根据式（5）将 y_i 对其他区域 j 的第 r 个解释变量 X_{ir} 求偏导得到式（6），将 y_i 对本区域内的第 r 个解释变量 X_{ir} 求偏导得到式（7）。

$$\frac{\partial y_i}{\partial x_{jr}} = S_r(W)_{ij} \qquad (6)$$

$$\frac{\partial y_i}{\partial x_{ir}} = S_r(W)_{ii} \qquad (7)$$

式中，$S_r(W)_{ij}$ 衡量的是区域 j 的第 r 个解释变量对区域 i 被解释变量的影响；$S_r(W)_{ij}$ 衡量的是区域 i 的第 r 个解释变量对本区域被解释变量的影响。根据式（6）、式（7）可以发现，与 OLS 的估计系数相比，在空间回归模型中，若 $j \neq i$，对 x_{jr} 的偏导数通常也并不等于 0，而是取决于矩阵 $S_r(W)$ 中的第 i，j 个元素。同时，y_i 对 x_{ir} 的偏导数也通常并不等于 β_r，因此，某个地区解释变量的变量的变化将不仅影响本地区的被解释变量，而且影响其他区域的被解释变量，根据勒沙杰和佩斯（2009），前者可以称为直接效应，后者称为间接效应，两者相加则为总效应。

第6章 政府干预县域金融集聚的 空间溢出效应实证分析

理论研究及现实经验表明政府干预是县域金融集聚的重要推动力量，政府竞争视角下，地方政府对金融集聚的干预会对县域内和县域外产生溢出效应。本章主要运用空间计量模型对政府竞争视角下政府干预对县域金融集聚的影响及空间溢出效应进行实证分析，进而验证本书第三个基本理论假说。其中本章第6.1节利用全国1895个县（市）2002～2014年的面板数据，通过构建静态和动态空间面板杜宾模型，实证检验政府干预对县域金融集聚的空间溢出效应，揭示政府干预对金融集聚在县域内和县域间的不同影响。第6.2节利用山东省90个县2004～2012年的面板数据，采用空间杜宾模型进一步验证第6.1节基本结论，并在此基础上借助及多样化的空间权重矩阵，揭示政府干预强度、行政隶属关系及经济水平差异对上述溢出效应的影响。

6.1 基于全国县域和动态空间 计量方法的实证分析

6.1.1 空间计量模型及权重矩阵设定

1. 静态与动态空间杜宾模型设定

空间杜宾模型同时考虑了被解释变量和解释变量的空间溢出效应，不仅能够衡量县域金融集聚空间溢出效应，还能够通过政府干预变量及一系列控制变量的空间滞后项揭示政府干预的空间溢出效应。本章构建的空间面板杜宾模型（Spatial Panel Durbin Model，SPDM）如公式（6-1）和（6-2）所示。

$$y_{it} = \alpha + \rho \sum_{j=1}^{n} W_{ij}y_{it} + X_{it}\beta + \theta \sum_{j=1}^{n} W_{it}X_{itj} + \varphi_i + \tau_t + \varepsilon_{it} \quad (6-1)$$

$$y_{it} = \alpha + y_{i(t-1)} + \rho \sum_{j=1}^{n} W_{ij}y_{jt} + X_{it}\beta + \theta \sum_{j=1}^{n} W_{it}X_{itj} + \varphi_i + \tau_t + \varepsilon_{it}$$

$$(6-2)$$

公式（6-1）为静态空间面板杜宾模型，其中 y_{it} 是被解释变量，即县域 i 在年度 t 的金融集聚水平，公式（6-2）则在公式（6-1）基础上加入了被解释变量的时间上的一阶滞后项 $y_{i(t-1)}$，从而构造了动态空间面板杜宾模型，以同时考察县域金融集聚水平的时间滞后和空间滞后效应，并更为准确地反映解释变量对被解释变量影响的溢出效果。上述公式中，X 是解释变量，包括政府干预和一系列控制变量，β 是解释变量 X 的未知参数向量，体现了政府干预及控制变量对县域金融集聚的影响程度和影响方向。$\sum_{j=1}^{n} W_{ij}y_{jt}$ 是被解释变量空间滞后项，主要体现相邻县域金融集聚水平之间的相互影响，其中，W_{ij} 是 $n \times n$ 阶空间权重矩阵，反映了不同县域在空间上的关系。ρ 作为被解释变量空间滞后项的系数，则是体现上述影响的方向和影响程度，如果 ρ 显著为正，说明县域之间金融集聚水平存在明显的正向空间关联，如果 ρ 显著为负，说明县域之间的金融集聚水平存在明显的负向空间关联，如果 ρ 为 0 或者不显著，则说明县域金融集聚不存在空间关联。$\sum_{j=1}^{n} W_{it}X_{itj}$ 为解释变量的空间滞后项，用于体现其他县政府干预水平及控制变量对本县金融集聚水平的影响，而系数 θ 则体现了这种影响的方向和影响程度。最后，α 是常数项，φ_i 表示地区固定效应，τ_t 表示时间固定效应，ε 是随机误差项，服从期望为 0，方差为 σ^2 的标准正态分布。

2. 空间邻接与地理距离权重矩阵设定

空间计量模型主要通过空间权重矩阵（W）来体现变量在空间上的关系，地理上的相邻是县域金融集聚产生空间关联的基本原因，据此本章设置空间邻接权重矩阵来反映这种空间邻接关系，该矩阵元素在县域单位相邻时取值为1，不相邻时取值为0，对角线元素设置为0。空间反距离权重矩阵假定空间效应强度取决于距离，空间单元之间距离越接近则空间效应越强，因此对空间关系的刻画比邻接权重更加细腻。矩阵元素是根据经纬度计算出的空间单元质心之间球面距离平方的倒数，对角线元素设置为0。为了消除权重矩阵量纲的影响，实证过程中本章对所有权重矩阵进行行标准化处理（Row Standardization），从而使权重矩阵每一行元素之和均为1。本章所用空间权重矩阵利用 GeoDa 1.6.7 软件生成。

6.1.2　指标与数据

1. 指标选取

结合县域数据的可得性及县域金融特点，本节采用银行金融机构贷款余额与地区生产总值之比来衡量县域金融集聚水平。一是因为当前县域层面依然以银行为代表的间接融资为主导，贷款规模对金融资源规模具有较强的代表性；二是相对于存款规模，县级地方政府更加重视并愿意出台政策吸引金融机构贷款的投放，因此贷款规模能更好体现政府干预的结果；三是目前相关部门尚未发布县域层面社会融资规模数据，金融机构以外的社会融资行为还无法精确描述。

政府干预主要受政府干预动机和政府干预能力影响，马连福和曹春方（2011）利用失业率、地方财政净收入、研发投入三项指标拟合地方政府干预指数来衡量干预动机；师博和沈坤荣（2013）用地方政府支出与地区生产总值的比例来衡量地方政府的干预能力。由于数据所限难以通过财政收支数据准确衡量干预动机，因此本章使用政府干预能力，即县级地方政府公共预算支出规模来代表政府干预。此外，本章还考虑投资水平、产业结构、经济基础、人力资本以及基础设施水平等控制变量，变量定义及描述性统计结果如表6-1所示。

表6-1　　　　　　　　主要变量定义及描述性统计

变量名	变量说明	平均值	中位数	标准差	最小值	最大值
金融集聚	年末贷款余额/地区生产总值	0.798	0.646	0.729	0.002	56.289

续表

变量名	变量说明	平均值	中位数	标准差	最小值	最大值
政府干预	公共预算支出/地区生产总值	0.372	0.236	0.438	0.003	7.942
投资水平	固定资产投资额/地区生产总值	0.339	0.111	0.657	0.002	23.038
产业结构	第二产业产值/地区生产总值	0.607	0.617	0.204	0.000	1.000
经济基础	居民储蓄存款余额/年末总人口	0.953	0.661	1.014	0.001	15.790
人力资本	中学入学人数/年末总人口	0.079	0.074	0.035	0.001	1.549
基础设施	本地电话用户数的自然对数	10.559	10.714	1.237	3.045	13.911

2. 数据来源

本章以全国县级行政单位作为研究对象，剔除了市辖区、直辖市所属县（市）以及因行政区划变动等原因导致部分年份数据缺失的县级单位，最终得到 1895 个县（市）样本。所有数据均来源于 2003～2015各年《中国县（市）社会经济统计年鉴》。需要说明的是，由于 2012年以及 2013 年《中国（县市）社会经济统计年鉴》中没有提供各县域2011～2012 年的地区生产总值数据，同时考虑到县域地区第三产业总体发展水平较低，故本章所有年份均使用第一产业和第二产业产值之和近似替代地区生产总值，后续相关指标的计算亦是如此。

6.1.3 实证结果及分析

1. 模型估计结果及分析

由于空间相关性的存在，用普通最小二乘法估计空间模型是有偏的和不一致的，因此需要采用极大似然方法（MLE）对空间面板杜宾模型（SPDM）进行参数估计（Elhorst J. P 等），估计过程借助 Stata 14.0 软件实现。表 6－2 分别报告了两种空间权重下静态和动态空间面板杜宾模型的四组估计结果。对于面板数据模型中随机效应和固定效应的选择，现有研究认为当样本局限于一些特定的个体时，固定效应模型效果更好，实证过程中的 Hausman 检验结果也支持了对固定效应模型的选择。根据 Anselin（2004）的判断准则，本章进一步利用自然对数似然函数值（LL）和赤池信息准则（AIC）在模型的不同固定效应类型中进行选择，结果显示包含时间和地点双向固定效应的模型估计结果是最优的。

表6－2 空间面板杜宾模型估计结果

变量及检验		邻接权重		反距离权重	
		静态 SPDM	动态 SPDM	静态 SPDM	动态 SPDM
空间自相关系数		0.3380 *** (40.93)	0.2400 *** (26.86)	0.7120 *** (49.95)	0.5390 *** (34.11)
金融集聚滞后项			0.3250 *** (55.57)		0.3020 *** (51.20)
解释变量	政府干预	0.4420 *** (26.60)	0.3610 *** (22.59)	0.4150 *** (25.75)	0.3430 *** (22.03)
	投资水平	0.1230 *** (15.08)	0.0974 *** (12.88)	0.1180 *** (14.49)	0.0950 *** (12.48)
	产业结构	－ 0.4620 *** （－ 10.05）	－ 0.4330 *** （－ 9.32）	－ 0.5850 *** （－ 12.91）	－ 0.5070 *** （－ 11.00）
	经济基础	0.0123 (1.44)	－ 0.0154 * （－ 1.83）	0.0195 ** (2.37)	－ 0.0138 * （－ 1.70）
	人力资本	1.5770 *** (11.44)	1.7030 *** (10.34)	1.6350 *** (11.85)	1.8210 *** (11.00)
	基础设施	－ 0.0171 * （－ 1.85）	－ 0.0291 *** （－ 3.31）	－ 0.0185 ** （－ 2.01）	－ 0.0296 *** （－ 3.37）

变量及检验		邻接权重		反距离权重	
		静态 SPDM	动态 SPDM	静态 SPDM	动态 SPDM
解释变量空间滞后项	政府干预	−0.2150 *** (−8.76)	−0.1780 *** (−7.56)	−0.4100 *** (−7.83)	−0.3530 *** (−6.97)
	投资水平	−0.0140 (−1.09)	−0.0097 (−0.82)	−0.0298 (−1.17)	−0.0175 (−0.73)
	产业结构	0.4150 *** (5.77)	0.3050 *** (4.16)	1.3940 *** (9.15)	0.8800 *** (5.76)
	经济基础	0.0861 *** (7.02)	0.0816 *** (6.77)	0.1250 *** (5.71)	0.1350 *** (6.25)
	人力资本	−0.5710 ** (−2.41)	−1.1220 *** (−4.10)	−2.7200 *** (−5.11)	−3.4620 *** (−5.97)
	基础设施	0.0254 (1.58)	0.0189 (1.21)	0.0030 (0.08)	0.0219 (0.61)
LL 检验		−14160.610	−10966.410	−13778.240	−10777.400
AIC 检验		28349.220	21962.820	27584.480	21584.810
观察值		24635	22740	24635	22740

注：* 、** 和 *** 分别表示在10%、5%和1%的统计水平上显著；括号内的数值为标准误差。

表6-2估计结果显示，各模型中体现县域金融集聚空间关联程度的空间自相关系数ρ均在1%的水平上显著，说明县域金融集聚存在空间关联效应。正向的空间自相关系数说明地理上相邻或相近的县域也具有相似的金融集聚水平，意味着某个县域金融集聚水平的提高将会对县域外的金融集聚产生积极的影响，而这种积极影响可能来源于县域经济发展的相互促进以及学习与合作关系的深化。同时，不论是静态空间面板杜宾模型还是动态空间面板杜宾模型中，反距离权重矩阵下县域金融集聚的空间自相关系数ρ明显高于邻接权重矩阵，其自然对数似然函数值和赤池信息准则检验值也更优，说明距离越近的县域其金融集聚的空间关联水平越高，即空间溢出效应越强。换言之，即便两县没有共同的边界，只要它们地理上相互接近，其金融集聚水平同样存在空间上的相互影响。

　　进一步的，在考虑金融集聚一阶滞后项的动态空间面板杜宾模型中，金融集聚一阶滞后项的估计系数在两种权重下分别为 0.325 和 0.320，且在 1% 的水平上显著，表明前期县域金融集聚水平会对当期金融集聚水平产生积极影响。金融集聚一阶滞后项的引入使县域金融集聚的空间自相关系数 ρ 较静态模型有所降低，但其自然对数似然函数值（LL）和赤池信息准则（AIC）检验值比静态模型更好。这可能是因为静态模型仅仅考虑了当期解释变量对金融集聚的影响，将它们对金融集聚影响的滞后效应以及制度、环境或技术等不可观测因素对金融集聚的影响一并归结到空间相关性当中。而在动态模型中，用金融集聚变量的一阶滞后项表征这些滞后效应和不可观测因素，将其对金融集聚的影响从空间结构因素的影响中分离出来以后，可以发现静态模型高估了空间相关对金融集聚产生的影响。

　　最后，根据解释变量及控制变量的系数估计值及其显著性水平检验结果，可以发现政府干预及控制变量均在不同程度上对县域内和县域外金融集聚产生正向或者负向的影响，这意味着如果在模型估计中忽略了政府干预及控制变量的空间滞后项，将会因为遗漏变量而造成估计结果的偏误，因此在建立计量模型对县域金融集聚进行研究时，必须考虑这些变量的空间溢出效应。

2. 系数分解结果及分析

　　根据勒沙杰和佩斯（2009）的研究并结合本书研究内容，直接效应代表政府干预及控制变量对本县的溢出效应，即对自身金融集聚的平均影响；间接效应代表政府干预及控制变量对县域外的溢出效应，即对县域外金融集聚的平均影响；总效应表示政府干预及控制变量对县域内和县域外金融集聚的平均影响。具体分解结果如表 6-3 所示。

表 6-3　　　　　　　　　　空间溢出效应分解结果

效应及变量		邻接权重		反距离权重	
		静态 SPDM	动态 SPDM	静态 SPDM	动态 SPDM
直接效应	政府干预	0.4360 *** (27.84)	0.3540 *** (27.34)	0.4120 *** (26.56)	0.3390 *** (26.43)
	投资水平	0.1240 *** (18.78)	0.0989 *** (12.51)	0.1190 *** (17.71)	0.0963 *** (12.02)

效应及变量		邻接权重		反距离权重	
		静态 SPDM	动态 SPDM	静态 SPDM	动态 SPDM
直接效应	产业结构	-0.4370 *** (-8.89)	-0.4310 *** (-8.31)	-0.5550 *** (-11.35)	-0.5050 *** (-9.72)
	经济基础	0.0205 ** (2.48)	-0.0112 * (-1.45)	0.0240 *** (2.97)	-0.0117 (-1.54)
	人力资本	1.5480 *** (9.77)	1.6710 *** (10.73)	1.5660 *** (9.88)	1.7820 *** (11.36)
	基础设施	-0.0148 (-1.51)	-0.0277 *** (-2.90)	-0.0181 * (-1.84)	-0.0288 *** (-3.01)
间接效应	政府干预	-0.0934 *** (-2.80)	-0.1180 *** (-4.58)	-0.3930 ** (-2.26)	-0.3740 *** (-3.89)
	投资水平	0.0367 ** (2.27)	0.0171 (1.32)	0.1760 ** (2.28)	0.0725 * (1.66)
	产业结构	0.3660 *** (3.74)	0.2620 *** (2.67)	3.3500 *** (6.49)	1.3400 *** (3.87)
	经济基础	0.1270 *** (8.41)	0.0968 *** (7.85)	0.4710 *** (7.00)	0.2740 *** (7.20)
	人力资本	-0.0367 (-0.10)	-0.9100 *** (-2.66)	-5.2550 *** (-2.63)	-5.4540 *** (-4.40)
	基础设施	0.0271 (1.34)	0.0152 (0.74)	-0.0402 (-0.36)	0.0159 (0.19)
总效应	政府干预	0.3430 *** (11.51)	0.2360 *** (10.49)	0.0188 (0.11)	-0.0358 (-0.39)
	投资水平	0.1610 *** (10.14)	0.1160 *** (8.79)	0.2940 *** (3.91)	0.1690 *** (4.03)
	产业结构	-0.0715 (-0.69)	-0.1690 * (-1.79)	2.7950 *** (5.44)	0.8360 ** (2.51)
	经济基础	0.1480 *** (9.40)	0.0856 *** (7.48)	0.4950 *** (7.41)	0.2620 *** (7.25)
	人力资本	1.5110 *** (3.89)	0.7610 ** (2.05)	-3.6890 * (-1.86)	-3.6720 *** (-2.96)
	基础设施	0.0123 (0.55)	-0.0125 (-0.55)	-0.0582 (-0.53)	-0.0129 (-0.15)

注：*、** 和 *** 分别表示在10%、5%和1%的统计水平上显著；括号内的数值为标准误差。

（1）政府干预在县域内的空间溢出效应。根据表 6 - 3 的效应分解结果，各个模型中政府干预对金融集聚的直接效应均显著为正，即政府干预对县域内金融集聚产生了正向空间溢出，表明政府干预对县域内金融集聚水平的提高发挥了积极作用。究其原因，"进取型政策"和"保护型政策"均能够提高县域内金融集聚水平。一方面，县域经济由大量中小微企业和农村经济主体构成，现有产权制度及信用体系的缺失对县域金融集聚产生了显著的"硬约束"，所以产权制度的完善、信用体系的建设以及政府增信体系的建立对县域金融集聚尤为重要。县级政府出台"进取型政策"，可以完善产权制度和信用体系、引导创新金融产品和服务方式等提高产业对金融资源的吸附能力，从而提高金融集聚水平。另一方面，地方政府还通过"保护型政策"影响金融资源的实际成本和名义成本，如利用各种税费减免、补贴奖励等政策吸引金融机构的入驻和信贷投放力度的加大，从而提高县域内金融集聚水平。此外，动态空间面板杜宾模型中政府干预对县域内金融集聚的影响较静态模型中有所减弱，主要是因为上述政策措施的时间滞后效应在静态模型中被一并归入当期影响中所致。

（2）政府干预在县域间的空间溢出效应。表 6 - 3 的效应分解结果还显示，各个模型中政府干预对金融集聚的间接效应均显著为负，表明政府干预对县域外金融集聚产生了负向空间溢出，即某县域的政府干预不利于县域外金融集聚水平的提高。其中，动态空间面板杜宾模型中这种负向溢出作用更突出，主要是因为这种负向溢出的时间滞后效应在静态模型中被掩盖所致。这一结论揭示了地方政府在干预政策选择上存在的倾向性。

现实中"进取型政策"的有效实施往往需要全省层面甚至全国层面制度环境的改革和完善为前提，由于缺乏顶层制度设计，县级地方政府出台的此类政策往往是各自为战，难以发挥区域协同效果。同时，这些政策的制定和实施投入大、见效慢，对地方财力要求更高，例如县域范围内征信体系建设需要整合金融机构及其监管部门、公安、工商、税务、质监、社保、交通等多部门的信息，因此协调难度极大、成本极高。而出台"保护型政策"对于县级地方政府来说更加容易，也更符合地方政府在政策选择上的偏好。笔者调查还发现，地方金融管理部门往往将年富力强的工作人员和更多的财政资金配置到"保护型政策"的实施中，此类政策也更容易受到地方领导的青睐。实施过程中，其政策标准还会根据县域外的最新政策做出动态调整。因此，促进县域金融集聚不仅要加大政策投入，更需要做好县域间政策的统筹协调。

（3）政府干预在县域间的总体溢出效应。根据表6-3中总效应的分解结果，虽然空间邻接权重下政府干预变量的总效应系数均显著为正，但是由于受到负向间接效应的影响，其系数值明显小于直接效应。而反距离权重下，政府干预变量正向的直接效应很大程度上被负向的间接效应所抵消，因此其总效应并不显著。以上结果意味着政府干预对县域内金融集聚的正向溢出作用被县域外政府干预的负向溢出效应削弱，说明地方政府围绕金融集聚还存在进一步协调与合作的空间。

3. 控制变量对县域金融集聚的溢出效应

表6-3中对控制变量的系数分解结果显示，投资水平在各个模型中对县域金融集聚的直接效应、间接效应及总效应大多显著为正，表明投资水平对于县域内和县域外金融集聚均产生了正向的空间溢出，因为投资有利于促进县域之间产业发展水平及区域协同效果，从而进一步提高县域经济对金融资源的吸附能力，最终提高所有县域金融集聚水平。产业结构对县域内金融集聚水平存在负向空间溢出，而对县域外金融集聚水平存在正向空间溢出，同时产业结构对县域金融集聚的总效应不够稳健，这可能是因为县域产业结构的优化并没有吸引更多金融资源流入，县域产业结构优化与金融集聚的关联性仍需进一步提升。经济基础对县域内金融集聚的溢出效应不够稳健，而对县域外金融集聚呈现正向空间溢出，可能是因为县域经济发展与金融集聚的良性循环尚未完全形成。人力资本对县域内金融集聚产生了正向空间溢出，但对县域外金融集聚的空间溢出效应显著为负，其总效应也不够稳健，这与县域层面人力资本流动尚不够充分有关。最后，基础设施对县域内金融集聚呈现较弱的负向空间溢出效应，对县域间及县域总体的空间溢出效应均不显著，说明县域层面基础设施建设水平依然较低，且尚未实现完全的互联互通，其对金融集聚的整体推动作用有待进一步发挥。

6.2 基于山东县域和多样化空间权重矩阵的空间计量分析

6.2.1 空间计量模型及权重矩阵设定

1. 空间杜宾模型设定

空间杜宾模型同时考虑了被解释变量和解释变量的空间溢出效应，不仅能够衡量政府干预对县域金融集聚的影响程度，还能够通过空间溢出效应进一步揭示县级地方政府的竞争效应，本章构建的空间杜宾面板模型如公式（6-3）所示。

$$y = al_n + \rho Wy + \beta X + \theta WX + \varepsilon \qquad (6-3)$$

式中，y是被解释变量，即县域金融集聚；X是解释变量，包括政府干预和一系列控制变量。W是 n×n 阶空间权重矩阵，反映了不同县域之间的空间相互关系；Wy是被解释变量y的空间滞后变量，主要体现了相邻县域金融集聚之间的相互影响。ρ作为空间自相关系数，体现了县域金融集聚空间相互影响的方向和程度，如果ρ显著为正，说明县域之间金融集聚存在明显的正向空间关联；如果ρ显著为负，说明县域之间的金融集聚存在明显的负向空间关联；如果ρ为零，则说明县域金融集聚不存在空间关联。WX是解释变量的空间滞后项，用于体现临近县域政府干预及控制变量对县域内金融集聚的影响，而θ则体现了这种影响的方向和影响程度。β是解释变量X的未知参数向量，体现了政府干预及控制变量对县域金融集聚的影响程度和方向；α是常数项，ε是随机误差项，服从期望为零，方差为 σ^2 的标准正态分布；l_n 为 N×1 阶单位矩阵，N 为县域个数。

2. 多样化空间权重矩阵设定

（1）空间邻接矩阵。根据地理学第一定律，地理上距离相近的两个事物是相互关联的，两个事物越接近，它们状态的相关性就越强。地理上的相邻是县域金融集聚产生空间关联的直接原因，据此本节设置空间邻接权重矩阵 W_1 来反映这种空间邻接关系，该矩阵元素在县域单位相邻时取值为 1，不相邻时则取值为 0，对角线元素为 0。

（2）干预强度权重矩阵。为考察政府干预强度对县域金融集聚的影响，根据样本县域内 2004～2012 年间政府干预水平的平均值将 90 个县级单位划分为强干预水平和弱干预水平两组，每组 45 个样本县，通过构建权重矩阵（$W_2 - W_3$）分别对两组样本进行空间杜宾模型估计并观察政府干预变量的空间溢出效应。其中，W_2 的矩阵元素当两县干预水平强且在地理上邻接时取值为 1，否则取值为 0，对角线元素设置为 0；W_3 的矩阵元素当两县干预水平弱且在地理上邻接时取值为 1，否则取值为 0，对角线元素设置为 0。

（3）行政隶属关系权重矩阵。县级地方政府金融政策会受到其上级地方政府即地市级地方政府的影响。而地市级政府在制定和实施本地区金融集聚政策的时候会考虑到本市范围内县级单位的协调发展，属于同一地市单位的县域之间可能存在更多的合作。因此，其围绕金融资源的竞争可能会随之减弱。为此本章借鉴周亚虹等（2013）和龙小宁等（2014）的研究成果构建两个行政隶属关系权重矩阵对上述情况进行分析：行政权重矩阵（$W_4 - W_5$）是在空间邻接矩阵基础上建立的行政关系矩阵，其中行政归属矩阵（W_4）用于考察即元素在县域单位属于同一地级市时取值为 1，否则取值为 0，对角线元素设置为 0；行政邻接矩阵（W_5）矩阵要素仅在县域单位属于同一地级市且相邻时取值为 1，否则取值为 0，对角线元素设置为 0。

（4）地理及经济距离权重矩阵。为观察县域间地理距离及经济差异对政府干预金融集聚的影响，本章还构建了空间距离及经济差异权重矩阵，观察其他空间关系下政府干预及其溢出效应。其中，地理距离权重矩阵（W_6）采用两地之间距离平方的倒数来构造，表示地理距离越远，两地之间的空间关联越弱，地理距离则以县域之间的球面距离测量。随着交通、通信等基础设施的进步，地区之间的联系和交流更加密切，县域之间可以通过多种渠道和平台交流金融集聚政策经验，政策、制度等因素的溢出效应受地理距离远近的影响在减弱，而经济发展水平可能逐渐成为政府干预政策选择及其政策力度的重要影响因素。考虑到地理上相近而且经济水平接近的县域间更容易相互学习和模仿，从而使金融集聚产生更强空间相关性，而两地经济水平差异越大，政策、制度的学习和模仿带来的空间相关性越弱，本章分别选择 2004～2012 年县域平均人均实际地区生产总值、平均人均实际财政支出和平均人均实际财政收入之差绝对值的倒数作为测度地区间"经济距离"的指标。经济水平差异矩阵通过矩阵元素对应相乘与地理距离权重矩阵复合，最终生成三种经济—地理距离权重矩阵（$W_7 - W_9$）。此外，为了消除权重矩阵量纲的影响，实证过程中本章对权重矩阵进行了行标准化处理，从而使权重矩阵的行元素之和均为 1。

6.2.2　指标与数据

1. 指标选取

本节所用金融集聚指标与本书第 5 章及第 6 章第 6.1 节中所用指标相同，在此不再赘述。政府干预程度与地方政府财力密切相关，借鉴现有文献（严冀等，2005；师博和沈坤荣，2013）做法，本节使用政府支出规模，即县级地方政府公共预算支出与县域地区生产总值的比例来衡量政府干预程度，因为财政支出规模直接反映了地方政府所能够调动的资源的多寡，也就决定了县级地方政府能够从多大程度上为金融企业和金融市场发展提供"政策租"，因而能够将地方政府的直接干预和间接干预，显性干预和隐性干预全部纳入，更加全面地衡量地方政府干预能力。控制变量方面，考虑到县域经济中第二产业的重要作用和第三产业发展的滞后性，用第二产业产值与地区生产总值的比值表示产业结构，考虑到产业结构与金融集聚可能存在的非线性关系，还加入了产业结构的平方项；用全社会固定资产投资总额与地区生产总值的比值衡量地区投资水平；现有研究多用人均受教育年限（万广华等，2005；任英华等；2010）来衡量人力资本水平，基于数据可得性对其作简单化处理，采用"中学入学人数/年末总人口"来表示地区人力资本水平；考虑到常用的人均地区生产总值指标对其他变量的影响，基于 2004 年不变价格计算人均储蓄存款，并将其作为县域经济基础的代理变量。最后，表 6 - 4 报告了主要变量的度量方法和描述性统计结果。

表6-4　　　　　　　　　变量定义及其描述性统计

变量名	平均值	中位数	标准差	最大值	最小值
金融集聚	0.4171	0.3925	0.1528	1.0124	0.1445
政府干预	0.0745	0.0683	0.0259	0.1738	0.0345
产业结构	0.5368	0.5324	0.0834	0.8051	0.2896
投资水平	0.4551	0.4603	0.1913	1.1222	0.0331
人力资本	0.0559	0.0553	0.0133	0.0916	0.0164
经济基础	0.9273	0.7679	0.5865	4.0457	0.1779

2. 数据来源

本节所用数据来源于2005~2013年度的《山东统计年鉴》和《山东金融年鉴》，包括山东省所有90个县（含县级市）2004~2012年的面板数据，共计810个观测值。与第5章相同，由于市辖区与县（县级市）在经济金融集聚特征及财权事权划分上存在较大差异，同时市辖区分区数据也不够完整，故将其剔除。此外，长岛县作为山东省唯一的海岛县，经济总量较小、人口少，基于其特殊的地理位置和经济社会特征，亦将其剔除。

6.2.3　空间邻接权重矩阵下的实证结果及分析

1. 模型估计结果及分析

空间自相关检验结果表明，被解释变量和解释变量均具有显著的空间效应，适合采用空间模型做进一步分析。本章采用极大似然方法（MLE）对空间杜宾模型（SDM）进行估计，通过 Stata 14.0 软件的空间计量程序包实现。表6-5报告了6种模型的估计结果，模型（1）仅考虑政府干预变量的空间溢出效应，模型（2）至模型（5）分别将控制变量的空间溢出效应纳入模型，模型（6）则包含了所有解释变量的空间溢出效应。估计结果显示各模型所体现的结论高度一致，对数似然函数值（LL）和赤池信息准则（AIC）检验发现各模型拟合结果没有明显区别，但是包含了全部解释变量空间溢出效应的模型（6）效果更好。模型中体现县域金融集聚空间关联程度的空间滞后项十分显著且稳定在 0.2506 ~ 0.2870 之间，表明县域金融集聚存在显著的正向空间关联。

表 6－5 空间杜宾模型估计结果

		模型（1）	模型（2）	模型（3）	模型（4）	模型（5）	模型（6）
空间滞后项		0.2870 *** (0.0384)	0.2541 *** (0.0408)	0.2806 *** (0.0386)	0.2834 *** (0.0388)	0.2847 *** (0.0383)	0.2506 *** (0.0411)
解释变量	政府干预	2.4470 *** (0.2587)	2.4021 *** (0.2589)	2.4310 *** (0.2584)	2.4373 *** (0.2591)	2.3917 *** (0.2590)	2.3437 *** (0.2592)
	产业结构	−1.1938 *** (0.3720)	−1.1256 *** (0.3724)	−1.2141 *** (0.3716)	−1.1912 *** (0.3721)	−1.2528 *** (0.3717)	−1.2074 *** (0.3727)
	产业结构平方	0.6851 ** (0.3430)	0.6702 ** (0.3425)	0.7074 ** (0.3427)	0.6812 ** (0.3431)	0.7423 ** (0.3428)	0.7397 ** (0.3426)
	投资水平	0.0355 ** (0.0172)	0.0351 ** (0.0172)	0.0265 (0.0179)	0.0355 ** (0.0172)	0.0358 ** (0.0172)	0.0271 (0.0178)
	人力资本	0.4875 * (0.2711)	0.4852 * (0.2707)	0.4813 * (0.2707)	0.4337 (0.2823)	0.4668 * (0.2704)	0.4235 (0.2808)
	经济基础	0.1917 *** (0.0351)	0.1953 *** (0.0351)	0.1919 *** (0.0351)	0.1925 *** (0.0352)	0.2281 *** (0.0383)	0.2257 *** (0.0383)
解释变量空间滞后项	政府干预	−2.4877 *** (0.3760)	−2.2740 *** (0.3846)	−2.5336 *** (0.3762)	−2.4702 *** (0.3769)	−2.1386 *** (0.4035)	−2.0578 *** (0.4074)
	产业结构		−0.2993 *** (0.1156)				−0.2327 ** (0.1183)
	投资水平			0.0533 * (0.0290)			0.0494 * (0.0290)
	人力资本				0.2981 (0.4362)		0.2172 (0.4348)
	经济基础					−0.1407 ** (0.0601)	−0.1182 ** (0.0614)

	模型（1）	模型（2）	模型（3）	模型（4）	模型（5）	模型（6）
控制时间	Yes	Yes	Yes	Yes	Yes	Yes
控制地区	Yes	Yes	Yes	Yes	Yes	Yes
LL 检验	1171.058	1174.426	1172.75	1171.293	1173.794	1177.736
AIC 检验	−2324.12	−2328.85	−2325.5	−2322.59	−2327.59	−2329.47
拟合优度	0.2105	0.2307	0.2134	0.2168	0.3079	0.3111
观察值	810	810	810	810	810	810

注：*、**和***分别表示在10%、5%和1%的统计水平上显著；括号内的数值为标准差。

2. 系数分解结果及分析

（1）政府干预对县域金融集聚的直接效应。根据表6-6的效应分解结果，各模型的系数分解结果较为一致。在加入不同控制变量空间项的情况下，政府干预对县域金融集聚的直接效应十分稳定且显著为正，说明县级地方政府所采取的各项金融政策促进了本县金融集聚。究其原因，地方政府的进取型政策及保护型政策均可提高地区金融集聚水平：一方面，县域经济由大量中小微企业和农村经济主体构成，现有产权制度及信用体系的缺失对县域金融集聚产生了显著的"硬约束"，所以产权制度的完善、信用体系的建设以及政府增信体系的建立等进取型政策有利于完善融资交易条件，扩大金融机构的信贷投放。另一方面，地方政府的保护型政策能够影响企业及金融机构的决策行为，刺激金融机构提高信贷投放力度和企业利用资本市场融资的积极性，进而提高县域金融集聚水平。

（2）政府干预对县域金融集聚的间接效应。根据表6-6的效应分解结果，政府干预对县域金融集聚的间接效应显著为负，表明政府干预对县域外的金融集聚水平产生了负向影响，可能的原因是地方政府在选择干预政策时倾向于采用保护型政策，因为一方面，产权制度完善、信用体系建设等进取型政策需要全省层面甚至全国层面制度环境的改革和完善为基础，由于缺乏顶层制度设计，县级地方政府出台的此类政策往往是各自为战，难以发挥区域协同效果。同时，该类政策的制定和实施投入大、协调成本高、见效慢；另一方面，在经济发展和官员晋升的短期激励机制下，县级地方政府更倾向于采用协调成本更低，短期效果"立竿见影"的保护型政策，尽快吸引金融机构的信贷投放，为投资拉动型经济增长方式提供助推。

表 6 – 6　　　　　　　　空间杜宾模型系数分解结果

		模型（1）	模型（2）	模型（3）	模型（4）	模型（5）	模型（6）
直接效应	政府干预	2.2913 *** (0.2126)	2.2767 *** (0.2127)	2.2745 *** (0.2138)	2.2847 *** (0.2141)	2.2664 *** (0.2128)	2.2330 *** (0.2116)
	产业结构	−1.1938 *** (0.4175)	−1.1396 *** (0.4180)	−1.2136 *** (0.4186)	−1.1908 *** (0.4194)	−1.2541 *** (0.4186)	−1.2175 *** (0.4166)
	产业结构平方	0.6790 * (0.3822)	0.6607 * (0.3802)	0.7016 * (0.3824)	0.6751 * (0.3831)	0.7378 ** (0.3825)	0.7309 * (0.3795)
	投资水平	0.0366 ** (0.0169)	0.0360 ** (0.0168)	0.0316 ** (0.0172)	0.0366 ** (0.0169)	0.0369 ** (0.0169)	0.0312 * (0.0170)
	人力资本	0.5571 ** (0.2645)	0.5516 ** (0.2632)	0.5501 ** (0.2646)	0.5257 ** (0.2627)	0.5356 ** (0.2644)	0.5031 * (0.2604)
	经济基础	0.2036 *** (0.0362)	0.2061 *** (0.0360)	0.2034 *** (0.0362)	0.2041 *** (0.0363)	0.2291 *** (0.0374)	0.2289 *** (0.0384)
间接效应	政府干预	−2.3803 *** (0.4914)	−2.1305 *** (0.4770)	−2.4472 *** (0.4920)	−2.3627 *** (0.4914)	−1.9270 *** (0.5222)	−1.8698 *** (0.4989)
	产业结构	−0.435 ** (0.1640)	−0.7372 *** (0.1896)	−0.4342 ** (0.1720)	−0.4323 ** (0.1744)	−0.4560 *** (0.1752)	−0.6700 *** (0.1940)
	产业结构平方	0.2469 * (0.1467)	0.2077 ** (0.1304)	0.2527 * (0.1493)	0.2469 * (0.1513)	0.2699 * (0.1523)	0.2237 * (0.1291)
	投资水平	0.0135 ** (0.0067)	0.0112 * (0.0058)	0.0778 ** (0.0372)	0.0132 ** (0.0065)	0.0133 ** (0.0066)	0.0674 ** (0.0333)
	人力资本	0.2027 *** (0.0986)	0.1705 ** (0.0872)	0.1954 ** (0.1002)	0.5210 (0.5613)	0.1932 ** (0.1010)	0.3817 (0.5526)
	经济基础	0.0752 *** (0.0186)	0.0641 *** (0.0167)	0.0724 *** (0.0176)	0.0737 *** (0.0179)	−0.1059 (0.0745)	−0.0776 (0.0768)

续表

		模型（1）	模型（2）	模型（3）	模型（4）	模型（5）	模型（6）
总效应	政府干预	− 0. 0890 (0. 5179)	0. 1462 (0. 4933)	− 0. 1726 (0. 5170)	− 0. 0781 (0. 5162)	0. 3394 (0. 5407)	0. 3633 (0. 5127)
	产业结构	− 1. 6292 *** (0. 5632)	− 1. 8768 *** (0. 5745)	− 1. 6477 *** (0. 5781)	− 1. 6231 *** (0. 5817)	− 1. 7100 *** (0. 5803)	− 1. 8875 *** (0. 5646)
	产业结构 平方	0. 9259 * (0. 5208)	0. 8684 * (0. 5042)	0. 9544 * (0. 5264)	0. 9220 * (0. 5294)	1. 0077 * (0. 5290)	0. 9546 ** (0. 4987)
	投资水平	0. 0501 ** (0. 0233)	0. 0472 ** (0. 0222)	0. 1094 *** (0. 0419)	0. 0498 ** (0. 0231)	0. 0502 ** (0. 0231)	0. 0986 ** (0. 0369)
	人力资本	0. 7598 ** (0. 3568)	0. 7220 ** (0. 3449)	0. 7455 ** (0. 3605)	1. 0467 * (0. 5939)	0. 7288 ** (0. 3612)	0. 8848 (0. 5631)
	经济基础	0. 2787 *** (0. 0507)	0. 2702 *** (0. 0481)	0. 2759 *** (0. 0503)	0. 2778 *** (0. 0506)	0. 1232 * (0. 0756)	0. 1513 ** (0. 0854)

注：* 、** 和 *** 分别表示在 10% 、5% 和 1% 的统计水平上显著；括号内的数值为标准差。

（3）政府干预对县域金融集聚的总效应。表 6 – 6 的效应分解显示，政府干预对县域金融集聚的总效应小于直接效应，因为政府干预在县域间负向的间接效应部分抵消了县域内正向的直接效应，表明县级地方政府之间围绕金融资源存在的掠夺型竞争关系。

3. 控制变量对县域金融集聚的溢出效应

根据表 6 – 6 的效应分解结果，无论是直接效应、间接效应还是总效应，产业结构的系数分解结果均显著为负而其平方项显著为正，表明产业结构与县域金融集聚之间呈现"U"型关系。这可能是因为县域产业层次较低时，第一产业比重较大，受制于小而散的生产主体结构及不完善的产权制度环境，县域经济对金融资源的吸附能力非常弱，县域层面金融资源总体上呈现流出态势，县域间也因金融资源的匮乏而呈现"此消彼长"的竞争关系。而随着县域产业结构的优化，第二产业比重提高到一定水平，县域经济对金融资源的吸附能力逐渐增强，第二产业的发展也会拉动本县及县域外相关或配套产业发展，从而在县域间产生对金融集聚的正向溢出效应，最终吸引地区外金融资源的流入。固定资产投资水平对县域金融集聚的直接效应和间接效应均为正，这可能是因为较高的固定资产投资水平有利于促进县域之间产业发展的协同性及实现基础设施的互联互通，进而提高了县域整体金融集聚水平。模型（4）和模型（6）在考虑到人力资本空间溢出效应的情况下，人力资本变量对县域金融集聚的影响增强但是并不显著，表明邻接权重下人力资本未产生直接的空间溢出，这可能与人力资本较强的跨区域流动特征有关。以居民人均储蓄水平为代表的经济基础仅对地区内金融集聚产生了正向溢出效应，因为经济基础较好的县域往往能够吸引县域外金融资源的流入。

6.2.4 多样化空间权重矩阵下的实证结果及分析

1. 干预强度对政府干预空间溢出效应的影响

表 6 - 7 的系数分解结果表明，与政府干预水平弱的相邻县域相比，干预水平强的相邻县域之间，政府干预具有更强的正向直接效应和负向间接效应，表明金融干预强的相邻的县域之间围绕金融资源存在更强的掠夺性，总效应也因此被削弱。干预水平弱的相邻县域之间，政府干预的间接效应不显著，其总效应较大且显著为正，说明干预水平较低的县域对金融资源的争夺较弱。上述结论进一步表明地方政府更偏好于选择保护型政策，使县域间呈现非合作型竞争关系。因此，地方政府在干预金融集聚的过程中应该更加注重地区之间的协调与合作，更多地采用进取型政策。

表 6 - 7 　　　　　　　干预强度矩阵下模型系数分解结果

效应类型	直接效应		间接效应		总效应	
变量及权重	W_2	W_3	W_2	W_3	W_2	W_3
政府干预	2.5744 *** (0.2232)	1.9329 *** (0.2110)	-1.0907 *** (0.2447)	-0.0249 (0.2766)	1.4836 *** (0.2919)	1.9080 *** (0.3294)
产业结构	-1.0475 ** (0.4550)	-1.8667 *** (0.4541)	-0.2682 *** (0.0799)	-0.2200 *** (0.0884)	-1.3157 *** (0.5010)	-2.0867 *** (0.4959)

效应类型	直接效应		间接效应		总效应	
变量及权重	W₂	W₃	W₂	W₃	W₂	W₃
产业结构平方	0.5631 (0.4110)	1.2274*** (0.4165)	0.0563 (0.0497)	0.0671 (0.0458)	0.6194 (0.4538)	1.2945*** (0.4410)
投资水平	0.0537*** (0.0168)	0.0642*** (0.0168)	0.0437*** (0.0152)	0.0405*** (0.0174)	0.0975*** (0.0210)	0.1047*** (0.0234)
人力资本	1.1731*** (0.2711)	1.0311*** (0.2775)	0.1812 (0.3265)	0.3387 (0.2751)	1.3543*** (0.3717)	1.3698*** (0.3213)
经济基础	0.0082 (0.0131)	0.0078 (0.0147)	0.0338** (0.0154)	0.0058 (0.0126)	0.0420** (0.0204)	0.0137 (0.0178)

注：*、**和***分别表示在10%、5%和1%的统计水平上显著；括号内的数值为标准差。

2. 行政隶属关系对政府干预空间溢出效应的影响

表6-8的效应分解结果表明，两类行政权重下政府干预变量的直接效应和总效应均显著为正，即同属一个地级市的县域之间表现出合作态势。行政归属矩阵（W₄）下政府干预变量直接效应、间接效应和总效应均大于纯行政邻接矩阵（W₅），表明同属一个地级市的县域之间的金融政策合作并不会因为地理上的不相邻而削弱，说明地级市地方政府发挥了协调地区内部县域竞争关系的作用。据此，本书认为上级地方政府的统筹协调对于区域金融集聚良性竞争关系的建立至关重要。因为地市级政府甚至省级地方政府之间围绕金融资源也存在激烈的竞争关系，县级地方政府的保护型政策大多来源于对上级政府金融政策的"上行下效"。而要打破这种无序竞争局面，则需要中央政府通过加强顶层制度设计，引导省级地方政府以及地市级地方政府逐级构建良性竞争秩序。

表6-8　　　　行政隶属关系矩阵下模型系数分解结果

效应类型	直接效应		间接效应		总效应	
权重类型	W₄	W₅	W₄	W₅	W₄	W₅
政府干预	1.8597*** (0.2050)	1.9408*** (0.2014)	0.6019 (0.5147)	0.4714 (0.3512)	2.4617*** (0.5432)	2.4122*** (0.4057)

效应类型	直接效应		间接效应		总效应	
权重类型	W_4	W_5	W_4	W_5	W_4	W_5
产业结构	-1.1165*** (0.4211)	-1.0663** (0.4249)	-0.9799*** (0.2924)	-0.7545*** (0.2088)	-2.0964*** (0.6839)	-1.8208*** (0.6131)
产业结构平方	0.7431** (0.3811)	0.6960* (0.3855)	0.4426* (0.2386)	0.2925* (0.1681)	1.1857* (0.6130)	0.9885* (0.5501)
投资水平	0.0382** (0.0173)	0.0293* (0.0166)	0.0624** (0.0313)	0.0712*** (0.0224)	0.1006*** (0.0332)	0.1004*** (0.0270)
人力资本	0.6004** (0.2490)	0.8956*** (0.2491)	1.2077* (0.6644)	0.6023 (0.4304)	1.8080*** (0.6848)	1.4979*** (0.4800)
经济基础	0.2139*** (0.0337)	0.1022*** (0.0210)	-0.2175*** (0.0392)	-0.1058*** (0.0238)	-0.0035 (0.0328)	-0.0036 (0.0251)

注：*、**和***分别表示在10%、5%和1%的统计水平上显著；括号内的数值为标准差。

3. 地理距离与经济差异对政府干预空间溢出效应的影响

表6-9报告了地理及经济距离权重矩阵下的模型回归及系数分解结果。分析发现，上述权重矩阵下县域金融集聚均呈现显著的正向空间关联效应，其中地理距离权重矩阵下空间溢出效应整体较强，表明地理上相近的县域其金融集聚具有更强的互动关系；经济—地理复合权重下的关联效应虽然相对较弱，但仍然显著为正，表明地理上相近且经济水平接近的县域其金融集聚水平亦存在空间关联效应。表6-10的效应分解结果表明，地理距离和经济—地理复合权重下，政府干预对县域金融集聚的直接效应与间接效应结果与邻接权重类似，但是 W_8 和 W_9 两类权重下政府干预的直接效应和间接效应更加显著，表明政府干预所体现的掠夺型竞争关系与地方政府财政实力密切相关。

表6-9　　　　　　　　地理及经济距离矩阵下模型回归结果

	W_6	W_7	W_8	W_9
空间自相关系数	0.4044*** (0.0641)	0.2487*** (0.0456)	0.2428*** (0.0477)	0.1809*** (0.0458)

	W_6	W_7	W_8	W_9
拟合优度	0.4065	0.3991	0.3687	0.4046
LL 检验	1170.648	1157.027	1135.190	1152.808
AIC 检验	2315.295	−2288.055	−2244.381	−2279.616
观察值	810	810	810	810

注：*、** 和 *** 分别表示在 10%、5% 和 1% 的统计水平上显著。

表 6 – 10　　　　　地理及经济距离矩阵下模型系数分解结果

	W_6	W_7	W_8	W_9
直接效应	2.0135 *** (0.2090)	1.9970 *** (0.2324)	2.2904 *** (0.2155)	2.4532 *** (0.2277)
间接效应	− 1.2763 (0.8902)	− 0.2836 (0.4835)	− 0.9894 ** (0.5078)	− 0.9470 ** (0.4762)
总效应	0.7372 (0.8675)	1.7134 *** (0.4531)	1.3010 *** (0.5006)	1.5062 *** (0.4428)

注：*、** 和 *** 分别表示在 10%、5% 和 1% 的统计水平上显著；括号内的数值为标准差。

6.3　本章小结

　　本章首先利用全国 1895 个县（市）2002～2014 年的面板数据，通过构建静态和动态空间面板杜宾模型，实证检验政府干预对县域金融集聚的空间溢出效应，揭示政府干预对金融集聚在县域内和县域间的不同影响。然后利用山东省 90 个县 2004～2012 年的面板数据，采用空间杜宾模型进一步验证第 1 节基本结论，并在此基础上借助及多样化的空间权重矩阵，揭示政府干预强度、行政隶属关系及经济水平差异对上述溢出效应的影响。研究发现：

　　第一，县域金融集聚存在空间关联效应，地理上相邻或相近的县域具有相似的金融集聚水平，县域金融集聚水平的提高对县域外金融集聚水平具有促进作用。

第二，政府干预对县域金融集聚存在不同的空间溢出效应，空间关联视角下，政府干预对县域金融集聚具有空间溢出作用，政府干预对县域内金融集聚存在正向空间溢出效应，而财政分权条件下政府之间的竞争使政府干预对县域外金融集聚产生了负向空间溢出，意味着县级地方政府的金融政策削弱了县域外的金融集聚水平，表明县级地方政府对保护型政策的偏好。

第三，政府干预对县域金融集聚的总效应明显小于直接效应，表明正向的直接效应被负向的间接效应削弱，揭示了县级地方政府围绕金融资源存在的掠夺型竞争关系。

第四，县域金融集聚具有时间滞后效应，其受到上期金融集聚水平的积极影响。空间溢出作用的存在也使投资水平、产业结构、经济基础、人力资本以及基础设施对金融集聚的不同影响在县域内和县域间呈现出进一步的差异。

第五，地理上临近、政府干预水平和财政实力相当的县域之间竞争更为激烈，而同属一个地级市的县域间则呈现出合作关系。

第 7 章 主要结论与政策建议

7.1 研究结论

基于前文的研究，本书得到如下几点主要结论：

（1）县域金融集聚是指县域金融机构和金融资源的不断丰富并与县域经济发展形成良性互动的状态。从动态过程来看，县域金融集聚是县域金融机构和金融资源不断丰富、县域金融产业产值和对县域经济的贡献不断提高的过程。从静态结果来看，县域金融集聚表现为县域存贷款、资本市场融资、民间金融及金融业产值达到一定规模，金融机构及金融产品的种类和数量达到一定级别，金融业产值和税收贡献率达到一定程度，金融产业发展与实体经济发展实现良性互动。

（2）县域金融集聚存在空间关联效应，这种空间关联效应的形成有四个方面的原因：一是县域地理位置的接近。因为相邻或者相近的县域往往具备相似的资源及环境禀赋，经济发展水平和产业结构也容易趋同。二是县域之间的相互竞争与合作。财政分权条件下地方政府之间存在竞争关系，展开了围绕金融资源争夺的竞争。与此同时部分县域还会展开围绕金融资源的相互合作。三是县域金融政策的学习与效仿。地方金融改革浪潮中先进县域的改革经验会逐渐被县域外学习模仿。四是影响县域金融集聚的各种其他因素在地区间的溢出效应。实证研究表明，我国县域金融集聚明显偏离空间随机分布，相邻或者相近县域的金融集聚存在空间关联效应，具体表现为具有较高金融集聚水平的县域在地理上相互临近，而具有较低金融集聚水平的县域在地理上相互临近。

（3）空间关联视角下，县域金融集聚影响因素同时会对县域内和县域外金融集聚水平产生影响。经济基础、政府干预、投资水平以及人力资本均能够提高县域内金融集聚水平，县域金融集聚与县域经济的发展，政府公共服务水平的提高和政策支持力度以及地方投资水平及人力资本水平密切相关，体现了金融与经济存在良性互动关系以及知识和技术对金融集聚水平提高的有力支撑。经济基础和政府干预在提高县域内金融集聚水平的同时降低了县域外金融集聚水平，县域金融政策存在"非合作型"竞争。投资水平和人力资本水平则促进了地区总体金融集聚水平的提高。

（4）当前阶段地方政府干预仍然是促进金融集聚的重要因素。政府竞争视角下，地方政府会相互模仿学习其他地区的干预政策并对政策选择倾向性产生影响，因此空间关联视角下，政府干预对县域内和县域外金融集聚的影响呈现截然相反的溢出效果。其中，政府干预对县域内金融集聚存在正向空间溢出效应，而财政分权条件下政府之间的竞争使政府干预对县域外金融集聚产生了负向空间溢出，县级地方政府的金融政策削弱了县域外的金融集聚水平，县级地方政府对保护型政策的偏好。虽然政府干预对县域金融集聚在总体上呈现积极作用，但是政府干预对县域内金融集聚的正向空间溢出效应被县域间政府干预的负向溢出效应削弱，揭示了县级地方政府围绕金融资源存在的"非合作型"竞争关系。

（5）县域金融集聚具有时间滞后效应，其受到上期金融集聚水平的积极影响。地理上临近、政府干预水平和财政实力相当的县域之间竞争更为激烈，而同属一个地级市的县域间则呈现出合作关系。

7.2　政　策　建　议

基于以上研究结论，本书提出如下简要政策建议：

（1）中央政府应加强地方金融改革的顶层制度设计，统筹协调金融市场制度建设，如构建全国统一的征信信息系统、进一步推进产权制度改革等等，避免地方政府在此类政策上的"各自为战"和"事倍功半"。限制地方政府利用补贴、奖励等优惠政策干预金融机构和金融市场微观决策的行为，引导地方政府由"支出竞争"转向"制度竞争"。

同时建立地方政府官员的长效考核机制，避免地方政府及其金融管理部门因追求金融业产值及税收的短期增长而陷入无序竞争。

（2）对于各级地方政府而言，应该明确自身在地方金融改革与发展中的职能边界，避免使用"保护型政策"，减少对金融市场和金融机构的直接微观干预，致力于市场基础完善、市场秩序维护、投资者保护及风险教育等工作，同时围绕上述工作加强与其他地区的学习、交流与合作，更多地发挥政府的"市场增进"功能，维护金融市场公平竞争环境，为金融市场的发展提供良好的外部环境，放大政府干预在区域内和区域间的正向溢出作用。对于较高层级的地方政府而言，在加强本级政府沟通协调的同时还应该协调下一级地方政府的竞争关系，着力于构建地区间竞争的良性机制。

（3）充分重视和利用其他金融集聚影响因素的正向溢出作用。如加快推进县域经济结构调整和经济增长方式转型，提高县域产业集聚水平及其对周边地区的辐射带动作用，利用产业集聚带动县域金融集聚。加大优势产业扶持力度，提高基础设施建设水平，使其在更大的区域内发挥更强的正向溢出作用。提高地区教育水平，完善和落实金融人才发展政策，发挥人力资本对金融创新的基础性作用，为人力资本在区域间的正向溢出创造条件。构建统一的金融要素市场尤其是直接融资市场，提高金融资源流动性，鼓励金融资源在更大的范围内流动并发挥正向溢出作用。

附录1 县域金融政策实例

附录1-1 安徽省怀宁县金融机构 考核奖励办法（节选）

第三条 本办法所称有效信贷投入，是指银行业金融机构向怀宁县域内投放的用于直接支持本县经济社会发展的各项贷款，包括本外币贷款、委托贷款、银团贷款、银行承兑汇票贴现和呆账核销。考核数据以人民银行怀宁县支行金融统计综合信息监测系统和银行信贷登记咨询系统数据、怀宁银监办监管统计信息系统数据以及领导小组办公室核实的情况为准。

第四条 本办法适用于怀宁县各银行业金融机构、保险业金融机构、证券业金融机构、小额贷款公司、融资性担保公司、县属国有投融资机构、典当行、人民银行怀宁县支行、怀宁银监办、县政府金融办以及对金融信贷投入做出突出贡献的先进个人。

第八条 设立怀宁县金融机构奖励专项资金，由县财政按全县当年新增贷款总额的1‰标准计提，实行"每年提取、预算安排、滚动使用"，专项用于金融机构奖励费用支出。

第九条 对各银行业金融机构信贷投入考核设全年贷款总量、增量、增速、存贷比、完成目标任务、信贷投放结构和税收贡献等考核指标，满分为150分。

（一）全年贷款总量（20分）

考核各银行业金融机构期末贷款余额。全县年信贷总量除以银行业金融机构个数为全县信贷投入平均值。达到平均值的，得10分；每高于或低于全县信贷总量的1%相应增加或减少1分，最高20分。

（二）全年贷款增量（30分）

考核各银行业金融机构贷款当年增加额。全县年信贷净增额除以银行业金融机构个数为全县信贷投入平均增量。达到平均增量的，得 15 分；每高于或低于全县年信贷净增额 2% 相应增加或减少 1 分，最高 30 分；没有净增长的得 0 分。

（三）全年贷款增速（20 分）

考核各银行业金融机构贷款增长幅度。

（1）达到安庆市本系统平均增速的得 6 分，每高于或低于 1 个百分点相应增加或减少 0.5 分，最高 10 分，最低 0 分。

（2）达到县内银行业金融机构当年平均增速的得 6 分，每高于或低于 1 个百分点相应增加或减少 0.5 分，最高 10 分，最低 0 分。

（四）存贷比（20 分）

考核在全县吸收的存款用于贷款投放情况。达到全县平均存贷比的得 10 分，每高于或低于 1 个百分点的，相应增加或者扣减 0.5 分，最高 20 分。政策性银行取该项的平均分，邮储银行只计算其直属网点吸收的存款。

（五）目标任务完成情况（10 分）

考核各银行业金融机构完成县政府确定的年度信贷投放目标任务情况。完成年度目标任务得 10 分，完成任务 90% 以上（含，下同）的得 9 分，80% 以上的得 8 分，70% 以上的得 7 分，60% 以上的得 6 分，50% 以上的得 5 分，50% 以下的不得分。

（六）信贷投放结构（40 分）

1. 对工业企业的投放（10 分）

考核各银行业金融机构对全县工业企业的信贷投放情况。根据各银行业金融机构对县域工业企业贷款新增额占最高值的银行贷款新增额的比例，分别乘以分值确定。

2. 对基础设施建设的投放（10 分）

考核各银行业金融机构对基础设施建设的支持情况。根据各银行业金融机构对基础设施贷款新增额占最高值的银行贷款新增额占比，分别乘以分值确定。

3. 对商贸企业的投放（10 分）

考核各银行业金融机构对全县商贸企业的信贷投放情况。根据各银行业金融机构对县域商贸企业贷款新增额占最高值的银行贷款新增额的比例，分别乘以分值确定。

4. 对其他经济组织的投放（10分）

考核各银行业金融机构支持县域其他经济组织的信贷投放情况。根据各银行业金融机构对其他经济组织贷款新增额占最高值的银行贷款新增额的比例，分别乘以分值确定。

（七）税收贡献（10分）

考核各银行业金融机构在怀缴纳的税收情况。根据各银行业金融机构在怀缴纳的税收总额占最高值的银行缴纳额的比例，分别乘以分值确定。

第十五条 对向怀宁县域内投放较多的用于直接支持本县经济社会发展的县外银行业金融机构予以适当奖励。

资料来源：安徽省怀宁县政府网（http：//www. ahhn. gov. cn/），2015年7月16日。

附录1-2 山东省金乡县金融业发展专项资金管理使用办法（节选）

第一章 总 则

第一条 本办法所称金融业发展专项资金（以下简称"专项资金"），由县财政每年安排2000万元，主要用于全县金融产业发展。

第三条 资金使用采取事后奖励或补助方式，积极推动全县金融业发展，引导和鼓励各类金融主体加强对经济社会发展重点领域和薄弱环节的支持。

第三章 支持范围及对象

第七条 专项资金使用范围分为招引金融机构支持、金融人才扶持、金融机构投融资支持、金融招商奖励、金融活动支出补助、企业改制及上市挂牌支持和非法集资案件举报奖励等方面。

第八条 招引金融机构支持

以下所称金融总部类企业是指经国家金融监管部门或行业主管部门批准设立，具有独立法人资格的银行、证券、保险、信托、期货等机构总部及其功能性总部或区域性总部；具有独立法人资格的企业集团财务公司、消费金融、汽车金融、金融租赁、独立基金销售机构、基金管理公司、保险经纪、商业保理、金融交易、资产管理、互联网金融、融资租赁、融资性担保等机构总部；具有证券从业资格的会计师事务所、律师事务所以及征信评级、咨询资讯、教育培训等金融专业服务机构的独立法人总部。金融总部类企业落户年实缴税收一般不低于 200 万元。

以下所称私募金融类企业是指按国家有关法律法规，以非公开方式募集资金，开展创业投资、风险投资、股权投资、证券投资以及资产管理、财富管理等业务，并获得国家金融监管部门、授权管理部门认可核发各类私募金融业务资质且具有独立法人资格的私募基金及其管理机构。私募金融类企业资金规模或管理规模（实到资金）一般不低于 5000 万元。

1. 办公用房补助

对金融机构新购本部自用办公用房（不包括附属和配套用房，下同），可按最高不超过 1000 元/平方米给予一次性补助，其中金融总部类企业补助总额不超过 1000 万元，私募金融类企业补助总额不超过 200 万元。补助自金融机构落户后三年内分期兑现。该自用办公及营业用房五年内不得对外转让。对金融机构租赁自用办公用房的，根据实际需要审核验收后，按最高不超过 400 元/平方米给予装修补助，并自落户起三年内，按最高不超过 1 元/平方米/天给予租金补助。以上两项补助总额金融总部类企业最高不超过 1000 万元，私募金融类不超过 200 万元，该办公用房不得转让。

2. 项目落户补助

金融总部类企业、私募金融类企业自落户年度起五年内按其实际地方财政贡献 100%、100%、100%、50%、50% 给予优质经营管理补助。私募金融类企业自然人有限合伙人退出时所缴纳的个人所得税或企业分红个人股东缴纳的个人所得税，按其实际地方财政贡献的 60% 给予生活补助。银行类金融机构在我县设立分支机构，县财政一次性补助开办费 50 万元；设立营业网点，县财政一次性补助开办费 5 万元。对新引进的融资租赁或金融租赁企业，按企业注册资本规模给予一次性落户补贴，并按实际到位资本情况进行分期兑付，享受落户补贴的最低到位资本为 1 亿元。注册资本 1 亿元（含）至 5 亿元，给予 200 万元一次性补贴；注册资本 5 亿元（含）至 10 亿元，给予 300 万元一次性补贴；注册资本 10 亿元（含）以上，给予 500 万元一次性补贴。

第九条　金融人才扶持

对引进的金融机构高级管理人员，按其工资薪金所得形成的地方财政贡献，前三年给予100%、后两年给予50%的生活补助。每家金融机构经核定的高管人员原则上不超过5名；对县财政贡献特别突出的，享受政策的高级管理人员可适当增加。金融人才其他扶持政策参照县政府有关人才文件及其实施细则执行。

第十条　金融机构投融资支持

鼓励银行类金融机构增加信贷投放，给予支持县域经济发展贡献突出的银行类金融机构一定奖励，具体奖励办法由县金融办、人民银行、银监办制定。鼓励私募金融类企业支持金乡县实体经济发展，投资符合金乡现代主导产业的企业（不包括上市挂牌公司定向增发），按其直接股权投资额的3%（投资期限不少于1年）给予项目补助，最高不超过300万元。项目补助由股权投资企业及其管理机构按各50%的比例分享。

第十一条　金融招商奖励

嘉奖招引银行业金融机构的引荐人，按照市级以上分行50万元，市级分行10万元，县级支行5万元的额度给予一次性奖励。对招引其他金融机构的引荐人，经认定后，给予一次性5万元奖励，在此基础上，引进的金融机构当年形成的地方财政贡献额超过50万元的，再给予财政贡献额2%的一次性奖励；引进的金融机构当年形成的地方财政贡献额超过100万元的，再给予财政贡献额5%的一次性奖励。

资料来源：山东省金乡县金融网（http://www.jxxjrb.cn），2017年5月23日。

附录1-3　浙江省嘉善县关于继续促进小额贷款公司发展的若干政策（节选）

一、扶持对象

（1）根据《浙江省小额贷款公司年度考核评价管理办法》，当年度考评结果在"合格"及以上，注册地在我县的小额贷款公司。

二、扶持内容

（2）小额贷款公司自开办起三年内的补助政策按照《嘉善县人民政府办公室关于促进小额贷款公司发展的若干政策》文件执行。三年期满后，经省金融办考评为"合格"及以上的小额贷款公司可顺延三年予以再扶持。扶持标准以其当年度缴纳的营业税、企业所得税地方留成部分为基数，考核等级为"优秀"的，按50%补助；考核等级为"良好"的，按40%补助；考核等级为"合格"的，按30%补助；考核不合格的不予补助。

（3）小额贷款公司获得的补助资金须全额补充本企业的风险准备金。

资料来源：浙江省嘉善县人民政府网站（http：//www.jiashan.gov.cn），2014年4月24日。

附录1-4 福建省尤溪县进一步推动企业利用资本 市场加快发展扶持办法（节选）

一、扶持对象

注册地和纳税登记地在尤溪县，符合境内上市和全国中小企业股份转让系统（以下简称"新三板"）、海峡股权交易中心挂牌要求，法人治理结构健全，主营业务符合国家产业政策，具有发展前景，信用情况良好的企业。

二、扶持政策

（一）设立上市发展基金

设立"企业改制上市发展基金"，用于对全县拟上市（挂牌）企业进行补助与支持。

（二）鼓励企业改制为股份有限公司

（1）企业设立股份有限公司时，根据审计、评估调账需要，企业历年积累的未分配利润、资产评估增值等转增资本金涉及所得税征收的，在按规定征收后，对县财政贡献的新增财力部分经审核、报县政府批准后给予全额补助，上市后予以兑现。

（2）企业在股份制改造中，对并入拟上市（挂牌）企业的资产，或因上市（挂牌）需要从拟上市（挂牌）企业剥离出非主营业务的相关资产，在调整股权、划转资产时，不变更实际控制人的，相关部门对土地、房产、车船、设备等权证过户手续按非交易过户处理。其中涉及因办理所有权证和土地使用证产生的税费，在按规定征收后，对县财政贡献的新增财力部分经审核、报县政府批准后给予全额补助，上市后予以兑现。因历史原因未办理产权证且无争议的，依法办理报建手续后补齐产权证并列入企业资产。

（三）支持企业到场外交易市场挂牌

（1）在"新三板"、海峡股权交易中心挂牌交易成功的，给予一次性补助30万元。

（2）挂牌企业通过券商内核的，当年起至企业挂牌当年（最长不超过3年），按每年对县财政贡献的新增财力部分给予60%额度的补助，兑现时间为企业挂牌交易后。

（3）本地企业收购或控股外地"新三板"挂牌企业且将该企业注册地、纳税登记地调整至尤溪辖区的，以及外地"新三板"挂牌企业将注册地和纳税登记地迁址尤溪辖区五年以上的，按对县财政贡献的新增财力部分给予一次性全额补助，但最高补助不超过50万元，在第六年初兑现。

（四）支持企业上市融资

（1）企业向中国证监会递交上市申报材料获得受理并正式上市后，给予100万元资金补助。

（2）企业在境内上市后，募集资金（包括首次融资、再融资扣除发行费用后的余额，下同）的70%以上在尤溪辖区投资项目的，按照以下标准给予补助：募集资金总额10亿人民币（含）以上的，一次性补助200万元；5亿（含）~10亿人民币的，一次性补助150万元；2亿（含）~5亿人民币的，一次性补助100万元。上述募集资金补助在项目实施时兑现50%，竣工后兑现50%。

（3）本地企业收购或控股外地境内上市企业且将该企业注册地、纳税登记地调整至尤溪辖区的，以及外地境内上市企业将注册地和纳税登记地迁址尤溪辖区的，按第一年对县财政贡献的新增财力部分给予一次性全额补助，最高补助不超过200万元。

（4）境内上市企业通过券商内核的当年起至企业上市当年（最长不超过3年），按每年对县财政贡献的新增财力部分给予全额补助，兑现时间为企业上市交易后。

资料来源：福建省尤溪县人民政府网站（http：//www.fjyx.gov.cn/），2015年10月15日。

附录1-5 安徽省蒙城县政银企对接工作实施方案（节选）

三、对接内容

（一）建立政银企联席会议制度

联席会议由县金融办、人民银行县支行、银行业金融机构、保险业金融机构、担保公司、小贷公司等有关部门和单位组成，并且根据会议内容邀请县财政局、县发改委、县经委、县农委、县商务局、县招商局等其他相关部门和企业参加。会议由县政府金融办牵头，每季度至少召开一次，通报经济金融运行情况，货币信贷政策情况和重点项目及企业资金需求状况，研究和组织银企洽谈会或项目推介会工作，协调解决银行、企业之间的有关问题。

（二）建立日常信息交流机制

人民银行蒙城县支行负责日常信息交流的牵头工作，负责整理各部门的信息，掌握银企对接工作进展情况。联席会议各成员单位建立信息联络员制度，定期向牵头单位通报相关信息。县财政局、县发改委、县经委、县农委、县商务局、县招商局等经济主管部门及时将国家产业政策、新项目、招商引资情况通报给金融机构。金融机构要及时将国家货币政策、信贷重点支持的领域授权授信等方面情况通报给政府有关部门，加强金融机构与政府有关部门的沟通，引导各金融机构增加信贷投入。

（三）建立政银企合作平台

根据企业项目的融资需求，由各相关经济主管部门作为主牵头人，定期或不定期的组织举办不同类型、不同层次的银企对接活动，为项目找资金，为资金找项目，围绕全县经济社会发展战略，重点搭建六个方面合作平台：

（1）为使银行及时掌握新上项目情况，由县发改委牵头，搭建投资额大、保证能力强、技术含量高的新建、在建重点项目合作交流平台。

（2）为缓解中小企业融资难的状况，促进中小企业加快发展，由县经委牵头，搭建中小企业融资平台。

（3）为支持招商引资企业发展，及时为招商引资企业服务，由县招商局牵头，搭建支持招商引资企业发展合作平台。

（4）为支持商贸流通企业发展，由县商务局牵头，搭建支持商贸企业合作平台。

（5）为促进"三农"经济发展，支持农业产业化龙头企业发展壮大，由县农委牵头，搭建涉农企业合作平台。

（6）为加快工业园区发展，促进工业园区企业做大做强，为工业园区发展创造优良环境，由开发区管委会牵头，搭建工业园区企业融资平台。

（四）建立项目储备推介制度

结合我县"十二五"固定资产投资项目规划、当年重点项目计划和重点企业情况，建立固定资产投资项目储备库和企业流动资金需求信息库制度，及时向各商业银行推介。项目储备库和资金需求信息库实行动态管理，随时更新，新项目及时进入，老项目或不符合银行信贷要求的项目随时退出。此项工作由县发改委、县经委、人民银行蒙城县支行牵头落实。

资料来源：安徽省蒙城县人民政府网站（http://www.mengcheng.gov.cn），2013 年 6 月 28 日。

附录1-6 浙江省海盐县银企对接网上
融资平台管理办法（节选）

一、权利义务

（一）企业权利义务

（1）企业在网上融资平台凭机构信用代码激活后，即可进入融资平台，进行融资需求信息登记（激活后密码可由企业自行设定）。

（2）企业必须本着实事求是原则，严肃认真登记融资需求信息，禁止填报虚假融资需求、干扰平台正常运行。如发现违法违规行为的，相关监管部门将有权清除融资需求信息，甚至拒绝该企业登陆融资平台。

（3）企业登记融资需求后，在未经金融机构浏览之前，可对已登记事项进行修改；经过金融机构浏览的，原则上不得修改，若确需修改的，则须取消本条需求后才可操作。

（4）企业在发布融资需求时，可指定金融机构处理融资需求信息（最多可指定 3 家金融机构），在其中一家金融机构已浏览并处理相关需求信息直至作出最终处理前，其他金融机构无法浏览该条需求信息。若不指定金融机构的，则由系统默认将融资需求信息发送至所有金融机构。企业登录管理后台，可以在"融资申请管理"栏目查看企业融资状态。

（5）企业应当明确 1 名融资平台操作联系人，准确填报联系人相关资料。如联系人调整变动的，应当及时更改相关登记资料，以确保业务衔接与平台运行安全、企业信息安全。

（二）金融机构权利与义务

（1）各金融机构应当向中国人民银行海盐县支行提交注册申请并提供机构相关资料，经中国人民银行海盐县支行审核备案后，凭发放的金融机构用户代码及密码登录融资平台。

（2）各金融机构应明确专门人员作为联系人，负责组织、管理本行及所属分支机构运用平台的相关工作，包括发布本行相关业务信息，与平台监管服务部门沟通联系，监测下属分支机构运用平台情况等。如联系人发生变化的，应当及时更改联系资料，以确保工作衔接与平台运行安全、银行资料安全。

（3）金融机构可浏览并处理平台内所有企业发布的融资需求信息。如已对融资需求作出"拟联系"意向的，则必须在 5 个工作日内完成联系处理，并进行处理结果情况登记；如对融资需求作出"不承接"处理的，则应说明理由，并及时将融资需求信息退还系统。

（4）金融机构应当充分发挥平台作用，积极发布创新产品、业务承接情况、风险提示等信息，及时浏览、处理融资需求信息。

二、职责与分工

平台监管服务由县金融办负责、中国人民银行海盐县支行、海盐县党政信息中心协助管理。

海盐县金融办负责牵头平台建设，并会同县人民银行、信息中心等相关部门做好融资平台宣传和推介，加强金融机构及企业通过融资平台开展融资业务情况的监测，为企业提供针对性的业务服务。

中国人民银行海盐县支行要积极组织金融机构参与平台运用；切实加强平台运行的业务管理，加强金融机构组织管理工作，加强对金融机构用户申请的审核、对金融机构发布业务信息的审核，加强融资平台运作情况监测，为金融机构提供针对性的业务服务。

县信息中心具体负责平台日常维护及平台操作培训。

资料来源：海盐县银企对接网上融资平台（http://yq.haiyan.gov.cn），2013年6月14日。

附录1-7 山东省临朐县金融服务中心工作职责（节选）

（1）贯彻执行中央和省、市有关金融工作的方针政策和法律法规，协调金融机构落实我县有关金融工作的决议、决定和重要工作部署。

（2）引导、鼓励和支持各类金融机构改革创新、拓展业务，加大对地方经济和各项事业发展的支持。

（3）负责帮助企业制订股改、上市方案及上市业务培训；负责建立企业上市中介机构诚信数据库和上市后备资源企业数据库，为中介机构提供全县拟上市公司信息，搭建中介机构与拟上市公司合作平台。

（4）推进各类资金融通平台建设，搭建融资性信息公共服务平台，及时搜集整理并向银行机构发布县政府重点项目和企业资金需求信息；向企业提供各银行机构资金供给、金融产品和金融服务信息，知道和帮助企业利用新型金融工具筹集发展资金。

（5）配合有关部门推进企业和个人征信系统建设；参与建立信用信息共享交换机制和信用奖惩机制，优化金融信用环境。

（6）负责异地股份制银行、投资银行、证券、基金、期货、保险等金融机构的引进与设立工作；负责金融服务中心入驻机构的管理协调工作。

资料来源：山东省临朐县政府信息公开网（http://xxgk.linqu.gov.cn），2016年9月30日。

附录1-8 山东省荣成市建立和完善社会信用主体信用档案实施方案（节选）

四、信用档案主要内容

信用档案是指信用主体的基本情况、经营管理、行政监管等相关的信息资料的总和，集中体现出信用主体在经济社会活动的可信度、公信度和综合竞争力，是证实是否诚实守信、遵纪守法或有无违法违约、欺诈、拖欠及逃避债务、社会责任等行为的重要凭证和依据。机关事业单位、重点人群的信用档案内容由相关部门根据工作职责和实际情况确定，企业等市场主体的信用档案包括但不限于下列范围。

（一）基本信息

（1）名称商标：登记名称，注册的商标、经营的商标，法定代表人等；

（2）联系方式：电话、传真、手机号、电子邮箱、网址等；

（3）行业分类：隶属多个行业的可一一列出；

（4）简介：职能、形象、产品图片、文字介绍等。

（二）行政监管信息

（1）基本资质：统一社会信用代码或法人营业执照、组织机构代码证、税务登记证、银行开户证、机构信用代码证等；

（2）检查检验信息：定期或不定期抽查、检查、检验情况及产品检测报告等；

（3）行政许可、认证证书：许可证书、备案或登记证书等；

（4）行政褒奖信息：各级政府、职能部门对信用主体的表彰、奖励、荣誉等；

（5）行政处罚信息：各级政府、职能部门对信用主体的行政处罚决定、责令改正决定等；

（6）商标、专利、著作权：各级、各类商标证书、专利证书、著作权等；

（7）人民法院的生效法律文书：各级人民法院依法公开的判决、裁定等。

以上相关证件均需原件校验，不便携带的牌匾、奖杯等需扫描或者拍照。

（三）经营管理信息

（1）管理运营信息：法人治理结构，部门设置，部门职责，各项制度建设，各项制度执行情况，企业内部评估信息等；

（2）经营状况信息：采购、生产、销售环节或整体介绍公司经营发展情况；

（3）财务信息：近三年财务状况，比如应收账款、应付账款、资金周转率、固定资产、库存商品等信息（该部分内容涉及企业商务机密，除企业自己要求之外，相关数据不对外公开查询）；

（4）管理体系评估信息：有专业资质的企业管理、培训机构等对企业的认证信息，如 ISO（国际标准组织）、IEC（国际电工委员会）认证等；

（5）未来发展信息：企业未来的发展规划等。

（四）银行信贷信息

（1）中国人民银行信贷评价：中国人民银行对信用主体的信贷等级评定信息；

（2）商业银行（包括小额贷款公司）信贷信息：各商业银行对信用主体的信贷记录及等级评定信息；

（3）民间借贷评价信息：各民间借贷机构对信用主体的信贷记录、评价信息。

（五）行业评价信息

（1）行业协会（社团组织）评价信息：各级行业协会、社会团体（组织）等对信用主体的评价、评论、表彰、奖励、表扬、处罚等信息；

（2）公共服务评价信息：水电气通讯物业等公共事业单位对信用主体的评价信息等。

（六）媒体评价信息

各类媒体（包括国外媒体），如电台、电视、网络和报纸等对信用主体的评论、评价、报道信息。

（七）市场反馈信息

（1）社会评价信息：社会特别是消费者对信用主体的工作、管理、服务、产品、经营等的评价；

（2）合作评价信息：交易对方、合作伙伴等对信用主体的评价；

（3）员工评价信息：员工对信用主体制度、福利、工资、保险、关爱、人才等评价；

（4）合同履行信息：历年的合同履约情况；是否是守合同、重信用企业等。

（八）其他

其他可以验证市场主体信用状况的信息。

五、信用档案管理

信用档案管理工作按照"政府主导、分级负责、行业自律、社会监督"的原则，客观、公正、科学、有效地进行。

（一）信用档案记录期

自信用主体建档开始，终止从业时止；每年不定期进行信用普查，维护更新信用信息，形成一种长效信用管理服务机制。

（二）信用档案信息

信用档案的信息由相关单位履行职责和社会服务信息、部门共享信息、社会反馈信息、行业监管信息、法院判决信息、交易对方信息、新闻媒体信息、信息主体自行提供信息、征信管理机构加工信息等构成，由责任部门负责相关信用主体的信用档案信息采集、核实、录入、保存、加工及整理登记、日常管理等工作。

（三）信用档案管理

信用主体的信用档案实行动态管理，要及时、全面、准确地收集相关信息，补充、更新信用文件和数据，既要做好良好行为的记录，又要做好企业不良行为的记录。要从信息采集渠道的源头设定严格把关机制和纠错反馈机制，保证信息的客观性、真实性，信用档案记载和反映的内容严禁弄虚作假，凸显信用信息的公信力。

（四）信息公开公示

按照"双公示"工作要求，依托我市社会征信管理系统、"信用荣成"网站、各部门网站和征信机构的发布平台，对信用主体信用档案的信息情况进行公布，供大众公开查询，接受全社会监督。

（五）建立信用修复机制

在实施信用惩戒的同时，相关部门要建立健全自我纠错、主动自新的社会鼓励与关爱机制，通过教育培训、社区矫正、动态管理、强化指导等手段，对信用主体实施信用修复，帮助其重塑信用。

六、工作保障

（一）健全信用管理机构

各级各部门要充分认识到建立信用档案的重要性和紧迫性，加强社会信用体系建设工作的领导，明确信用档案管理机构，配备信用信息数据管理员和审核员，加强业务协同和责任落实。

（二）完善公共信用信息管理系统

市征信办要进一步完善以市级公共信用信息交换和共享平台、信用信息综合数据库、"信用荣成"网站为主要内容的市级公共信用信息平台，各相关部门要建立部门和行业信用信息系统，并可依托市级公共信用信息平台，根据自身情况研究开发各项应用功能，避免重复开发，满足基础信息上报、信用信息维护和对行业监管的需要。各相关部门要加强信用信息服务系统安全管理，建立和完善信用信息安全应急处理机制。

（三）强化信用信息的实践应用

各级各部门要将使用信用记录和信用报告嵌入行政管理和公共服务的各领域、各环节，作为必要条件或重要参考依据。对食品药品安全、环境保护、产品质量、医疗卫生、工程建设、教育科研、电子商务、股权投资、融资担保，以及政府采购、工程招投标、政府购买服务等关系到人民群众切身利益、经济健康发展和社会和谐稳定的重点领域，要率先推进在行政管理事项中使用相关市场主体的信用记录和信用报告。

（四）建立信用信息记录和共享机制

各级各部门要对其在履行公共管理职能中产生的信用信息进行记录、整理，打破信息的行业封锁和部门分割，着力推动公共信用信息共享和整合，为实施公共管理以及事中事后监管提供信用信息支持，向社会提供查询服务。支持征信机构依法开展征信业务，建立以法人和其他组织为对象的征信系统，依法采集、整理、加工和保存在市场交易和社会交往活动中形成的信用信息，采取合理措施保障信用信息的准确性，建立起全面覆盖经济社会各领域、各环节的市场主体信用记录。

（五）建立完善信用服务市场管理机制

培育和发展种类齐全、功能互补、依法经营、有市场公信力的信用服务机构，完善信用服务机构备案管理制度、信用服务机构评价和年度通报制度，建立信用服务机构和从业人员的信用记录，依法加强对信用服务机构和从业人员的监管。建立信用服务机构准入与退出机制，对不讲信用的机构，依法清退。加强服务质量信用分类管理，定期发布服务质量信用信息。

资料来源：山东省荣成市人民政府网站（http://www.rongcheng.gov.cn/），2016年3月2日。

111

附录 1-9 安徽省五河县企业信用等级 评定实施办法（节选）

第一章 总 则

第一条 为引导我县企业增强信用意识，加强信用管理，弘扬诚信守法风气，加快"信用五河"建设步伐，根据有关法律法规，制定本实施办法。

第二条 本办法所称信用等级评定，是指根据企业信贷、依法纳税、财会制度建设及履行合同等情况，并参考企业法定代表人的社会诚信状况，按照规定的评定内容、标准和程序，对企业的信用等级进行评审并实行分类分级管理。企业信用等级分为优秀、良好、一般三个等级。

第三条 通过信用等级评定应达到以下目标：

1. 体现企业的信用状况，真实反映企业诚信经营的意识、能力和质量。

2. 搭建银企桥梁，创造良好的金融环境。

3. 为"信用五河"工程的实施奠定坚实的基础。

4. 针对企业在经营中存在的诚信问题，有针对性地制定相应措施。

5. 加强财务核算，促进财务管理上等级，提高企业的财务管理水平。

6. 在我县各行业弘扬诚实守信、依法经营的良好风气。

第四条 企业信用等级的评定遵循公开、公正、公平的原则，并对评定过程进行公正监督。

第五条 企业资信等级是金融机构信贷登记咨询系统的重要信息，企业资信评估有关资料，应录入银行信贷登记咨询系统，在有效期内作为金融机构向企业提供融资服务的重要参考依据。

第六条 本办法适用于我县辖区内涉及一、二、三产业的所有企业。

第二章 评 定 机 构

第七条 成立五河县企业信用等级评定领导小组，负责我县辖区内所有企业信用等级的审核评定、社会公示和公布表彰等工作。

第八条　五河县企业信用等级评定领导小组下设办公室，负责企业信用等级评定的日常工作。

第三章　评　定　内　容

第九条　企业信用等级评定的具体内容是：

（一）企业依法开展生产经营活动、重合同守信用情况

建立健全合同管理制度，依法签订合同并履约。

（二）企业统计数据上报情况

企业应严格贯彻执行国家有关统计的法律法规，真实准确地向统计部门上报统计报表，不得虚报、瞒报、拒报或伪造、篡改统计资料。

（三）企业依法建帐并进行会计核算情况

企业应严格按照国家统一的会计制度进行核算，会计资料真实完整，无账外账。会计账目无弄虚作假情况。

（四）企业按照国家财务管理制度，按期如数偿还银行贷款，支付贷款利息情况。在银行等金融机构中有较好的信用。

（五）企业应收应付账款情况

在客户中有良好的信誉。

（六）企业质量管理情况

能够按标准组织生产，为社会和消费者提供合格的产品和优良的社会服务。无生产假冒伪劣产品行为。

（七）企业安全生产及有关规章制度建设情况

企业要认真落实安全生产主体责任，健全安全生产责任制，完善各项规章制度和操作规程，搞好安全生产投入，确保不发生重特大安全生产事故。

（八）企业环境保护情况

企业环保手续齐全，规章制度健全，无环境违法和污染环境行为的发生；对"三废"的处理达到国家和地方规定的排放标准。

（九）企业依法纳税情况

企业必须依照法律、行政法规确定的申报期限、申报内容如实办理纳税申报，并及时足额缴纳或者解缴税款。无拖欠税款和涉税违法行为。

（十）企业法制教育、依法治企的情况

企业学法制度健全，依法建立企业章程，实施制度化、规范化、法

治化管理。

（十一）企业被诉情况

企业应无因拖欠货款、产品质量等问题而被起诉情况。

（十二）领导班子及主要负责人诚信情况

班子成员精诚团结，廉洁高效，整体形象良好。企业法定代表人诚信守法，以身作则，从严治企，有良好的个人信用。

第四章 评定标准

第十条 评定企业信用等级的类别，按照县信用等级评定领导小组制定的《五河县企业信用等级评定标准》进行考核、评定。

第十一条 企业信用等级分为优秀、良好、一般三个等级，综合考评采取百分制，具体评定标准为：综合评分在90分（含90分）以上的为优秀；综合评分在76分至89分的为良好；综合评分在60分至75分的为一般。

第十二条 企业有下列情形之一的，其信用等级不能评为优秀：

（1）有不按期偿还贷款本息不良信用记录的；

（2）有偷、逃、骗、抗税行为或违反发票管理规定行为，受到税务机关行政处罚的；

（3）有违反《会计法》行为，且受到财政机关行政处罚的。

第十三条 企业经营过程中有下列情形之一的，其信用等级评定申请不予受理：

（1）有恶意逃、废、拖欠金融机构贷款行为的；

（2）发生违反法律法规事件，至申请提交之日仍未处结的；

（3）有偷、逃、骗、抗税行为且已构成犯罪嫌疑的。

第五章 评定程序

第十四条 由企业填写《五河县企业信用等级评定申报表》，报县信用等级评定领导小组办公室，同时应提供翔实的本企业各项报表资料。

第十五条 企业提出信用等级评定自评后，由与企业诚信事宜有关的部门和金融机构分别做出评价。

第十六条 县信用等级评定领导小组办公室汇总有关部门和金融机

构对企业做出的评价后，根据企业综合得分的多少初步拟定出优秀、良好、一般各类信用等级的企业名单，提交县信用等级评定领导小组全体成员，召开会议进行审议，最后拟定出优秀、良好、一般各类信用等级企业名单。

第十七条 县信用等级评定领导小组对拟定出的优秀类信用等级企业通过县广播电视台或张榜等形式进行公示（公示期10天），并公布举报电话，充分听取社会各界对被公示企业的意见和建议。公示过程中，社会举报存在问题，并经查证属实的，取消其优秀信用等级资格。

第十八条 拟定的优秀信用等级企业经公示无问题的，由县信用等级评定领导小组正式确定为优秀信用等级企业，以县政府的名义进行表彰，颁发优秀信用等级牌匾证书，并在县广播电视台媒体上予以公布。

第十九条 县信用等级评定领导小组办公室应对申请信用等级评定的企业的所有原始材料进行归档保存，建立企业信用档案，对企业的信用情况进行管理。

第二十条 县信用等级评定领导小组办公室应当定期与有关部门和金融机构进行联系，及时掌握企业的间接信用和其他社会诚信等方面的情况，增强对企业信用等级评定和管理的准确性。

资料来源：安徽省蚌埠市政府信息公开网（http：//zwgk.bengbu.gov.cn），2009年12月23日。

附录1-10 湖南省临武县农村信用体系建设实施方案

根据国务院《征信业管理条例》和《社会信用体系建设规划纲要（2014~2020年）》精神，县政府决定在全县范围内开展农村信用体系建设工作。为确保工作顺利开展并取得实效，特制定本方案。

一、总体思路

坚持"政府主导、人行推动、多方参与、先易后难、稳步推进"的原则，积极推进农户信用信息数据库建设，开展信用农户、信用村、信用乡镇创建活动，增强农村经济主体的信用意识，积极营造"守信光荣、失信可耻"的良好社会氛围，改善农村地区的信用环境，加快我县经济发展。

二、工作目标

到 2016 年底前，成功创建农村信用体系建设示范乡镇 1 个、示范村每个乡镇 1 个以上、示范户每个行政村 1 户以上。通过开展创建活动，使初中及其以上文化程度的农民具有一定经济金融知识，农户信用水平明显提升，涉农经济组织和农户贷款满足率达到 70%、不良贷款率低于 5%，用于商品交易的农产品信誉良好，市场交易合同履约率不断提升，经济诉讼结案率逐年上升，政务诚信百姓满意度达到 90% 以上，基本做到社会重信用、事事查信用、人人守信用，使我县成为全省农村信用体系建设示范县。

三、组织领导

（一）成立临武县农村信用体系建设工作领导小组

由县委常委、县政府常务副县长段外宾任组长，县委副处级干部李文精任副组长，县政府办、县发改局、县财政局、县公安局、县检察院、县人社局、县扶贫办、县农业局、县金融债务办、中国人民银行临武支行、中国工商银行临武支行、中国农业银行临武支行、中国建设银行临武支行、中国邮政储蓄银行临武支行、临武农村商业银行、临武浦发村镇银行等单位主要负责人为成员。领导小组办公室设在临武农村商业银行，由县金融办主任黄群兼任办公室主任，中国人民银行临武支行副行长李维德、临武农村商业银行行长尹友忠任办公室副主任，办公室工作人员从各成员单位抽调，具体负责农村信用体系建设工作的指导、协调和调度。

（二）成立乡镇农村金融服务中心

各乡镇成立乡镇农村金融服务中心，由各乡镇乡镇长任主任，明确 2~3 名工作人员，主要负责辖区内信用信息采集、更新和诚信教育宣传、信用环境整治，配合金融机构对农户进行信用评级，并对授信农户进行跟踪管理等工作。

（三）成立村级金融服务站

在选定的试点村成立村级金融服务站，由村委主任任站长，村组干部为成员，主要负责协助所在乡镇的农村金融服务中心和金融机构做好农户信用信息采集、更新，对农户开展诚信教育宣传和对已授信农户的跟踪管理。待试点村的村级金融服务站成熟后，在全县所有行政村进行推广。

四、实施步骤

（一）制定《临武县农村信用体系评定办法》

领导小组办公室召集相关单位召开专题研讨会，进一步完善《临武县农村信用体系评定办法》，于2016年4月上旬前完成。

（二）开展业务培训

2016年5月下旬召开专题会议，明确相关部门和各乡镇的工作职责。各相关部门、乡镇要明确参与农村信用体系建设工作的人员，并上报领导小组办公室，由领导小组办公室对工作人员进行业务培训。

（三）广泛宣传发动

各乡镇农村金融服务中心、村级金融服务站要充分利用横幅、标语、短信等形式大力宣传农村信用体系建设工作，让农民群众了解、支持并积极参与农村信用体系建设工作。集中宣传活动安排在2016年9月份进行。

（四）积极稳妥推进

按照每个乡镇选择一个村进行试点、再逐步全面推开的工作思路，分阶段推进农村信用体系建设工作。每个乡镇选择一个经济较为活跃、有贷款需求的行政村进行试点，试点工作实行分片包干，由领导小组办公室要指定专人负责，试点村的信用等级评定工作在2016年11月底前完成。试点村评级授信工作完成后，再进行全面推广，形成"一年先试点、两年打基础、三年全覆盖"的格局。

（五）整合资金资源

领导小组办公室要积极研究相关政策，整合扶贫、社保等财政性资金，加大对产业项目和"三农"工作的信贷支持，并出台担保和贴息管理办法，探索扶持新型农村经营主体的新路子。完善农村"五权"流转平台，由国土资源、住建（房产）、农业（农经、畜牧兽医水产）、林业等部门，开展"五权"确认、登记、发证等工作；试点乡镇成立农村产权流转服务中心，农村产权流转服务中心与农村金融服务中心合署办公，负责协助产权确认、资产评估和抵押物处置等工作，为拓宽农村金融市场服务。

五、工作措施

（一）大力开展农村地区信用宣传和培训工作

一是根据农民实际需求以村为单位，每半年安排涉农金融机构业务骨干组织村民集中学习一次经济金融知识。二是每个村在醒目位置设置不少于两条农村信用体系建设宣传标语，每个乡镇在主要道路、集市区设置不少于两条农村信用体系建设宣传标语。三是不定期开展农村信用体系建设宣传活动。

（二）加快建立农户信用信息数据库

按照中国人民银行印发的《农村信用体系建设基本数据项指引》，结合我县实际制定《临武县农村信用体系建设农户基本数据表》，加快信用信息电子化、标准化建设，建立农户信用信息系统。通过乡镇、村和财政、农业等有关部门，广泛采集农户信用信息，初步完成有贷款需求农户的基本信息和承包责任田、山地、林地以及合同履约、水电煤气等信息的采集工作，确保年底前建成农户信用信息数据库。

（三）积极开展信用农户、信用村、信用乡镇创建与评定工作

以农户信用信息数据库为基础，涉农金融机构、县直有关部门、村支两委共同参与，在全县开展信用农户、信用村、信用乡镇的评定与创建工作。信用农户、信用村、信用乡镇的评定标准由县农村信用体系建设工作领导小组统一制定。信用乡镇的评定由县农村信用体系建设工作领导小组负责，信用村的评定由所在乡镇的乡镇农村金融服务中心负责，信用农户的评定由所在行政村的村级金融服务站负责。各个层级的评定工作一年一评，评定结果运用的有效期为三年。各级的评定结果应上报到县农村信用体系建设工作领导小组办公室。

（四）建立健全"守信激励、失信惩戒"机制

一是各金融机构要对信用农户、信用村、信用乡镇给予贷款优惠，在贷款利率上，对当年获评的优惠5%，对连续两年获评的优惠10%，对连续三年及其以上获评的优惠12%；并实行贷款优先、手续简便、额度放宽、服务上门。二是县财政局、县扶贫办、县人社局等部门要积极推广"拨款改贴息"联合支农模式，对信用农户、信用村、信用乡镇的新增贷款给予贴息。三是其他涉农部门的涉农优惠政策要向信用农户、信用村、信用乡镇倾斜。四是中国人民银行临武支行再贷款要优先支持参与农村信用体系建设的金融机构。

资料来源：湖南省临武县人民政府网站（http://www.lwx.gov.cn），2016年3月31日。

附录 1-11　山东省夏津县打击恶意逃废银行债务优化金融生态环境行动实施方案（节选）

本次集中整治的范围：全县行政区域内逃废银行债务和拒不履行涉及银行债务判决裁定等破坏信用秩序的企业、事业单位、其他组织和个人（以下称债务人），以及与债务人共同逃废银行债务或帮助债务人逃废银行债务的机构（以下称关联机构）和个人。

（一）债务人逃废银行或债券发行机构债务行为主要包括：

（1）以改制、重组、分立、合并、增减注册资金、托管、租赁、股权转让、解散、破产、虚假诉讼以及抽逃、隐匿、转移资产等方式，损害银行债权的；

（2）通过非正常关联交易抽逃资金、转移利润、转移或隐匿资产，使银行债权被悬空的；

（3）以转户和多头开户等方式，恶意逃避债权银行监督，损害银行债权的；

（4）故意隐瞒真实情况，提供虚假信息，高估流动资产、固定资产等资产，虚增应付账款、预付账款等债务，以设置账外账、销售回笼不入账、购买资产不入账等方式隐匿资产或收入，致使银行债权遭受损失的；

（5）不经债权银行同意，擅自处置银行债权的抵押物，造成银行抵押权悬空的；

（6）为逃避对银行的偿债义务或担保责任，恶意为他人提供担保，影响其自身偿债能力，或无正当理由拒不履行担保义务的；

（7）隐瞒影响按期偿还银行债务重要事项和财务变动致使银行处于高风险状况的；

（8）不配合债权人正常诉讼、不偿还银行债务又拒不签收催债文书的；

（9）拒不执行人民法院和仲裁机构已生效的法律文书，继续拖欠银行债务的；

（10）通过采取各种非法手段阻碍银行执行正常清收，损害银行债权的；

119

（11）债务人股东、法定代表人或实际控制人逃匿，损害银行债权的。

（二）关联机构和个人逃废银行债务行为主要包括：

（1）签订担保合同，但不履行法律规定、合同约定的担保义务，无法律依据，拒绝承担担保责任的；

（2）与债务人串通，通过改制、重组、分立、合并、增减注册资金、解散、破产以及抽逃、隐匿、转移资产等方式，损害银行债权的；

（3）滥用股东地位和对债务人的控制地位，抽逃出资、转移债务人资金、财产、削弱债务人偿债能力的；

（4）出具虚假证明文件帮助债务人逃废银行或债券发行机构债务的。

资料来源：山东省夏津县政府门户网站（http://www.xiajin.gov.cn），2017年4月7日。

附录 1-12　湖南省衡山县小微企业助保金贷款管理办法

第一章　总　　则

第一条　小微企业助保金贷款（以下简称"助保贷"）是指由企业缴纳一定比例的助保金和政府提供风险补偿铺底资金共同作为增信手段，在企业提供一定担保的基础上，由中国建设银行向"小微企业池"中的企业发放贷款的信贷业务。

本办法所称"小微企业池"是指由政府助保金管理机构和中国建设银行衡山支行各自推荐并共同认定，缴纳助保金后办理"助保贷"业务的优质小微企业群体。

本办法所称"助保金"是指由小微企业池中的企业，按其在中国建设银行衡山支行获得贷款额度的规定比例自愿缴纳的资金，用于先行代偿该池中所有企业逾期的贷款。

第二条　"助保贷"业务信贷资金限用于本县辖区内小微企业生产经营周转，不得用于房地产开发。获准贷款的企业，可办理流动资金贷款、银行承兑汇票等信贷业务。

第三条　助保金池组建原则

基于"自愿缴费，有偿使用，共担风险，共同受益"的原则组建，政府成立助保金管理机构负责管理。

第四条　助保金池资金来源

助保金池由企业缴纳的助保金和政府风险补偿金组成。政府财政部门投入部分资金作为助保金池铺底资金，以形成资金的规模效应和杠杆放大效应。铺底资金额度一般不低于建设银行衡山支行预计当年办理"助保贷"业务量的10%。根据我县实际和业务开展需要，由县财政先拨付500万元作为助保金池的政府风险补偿金，待"助保贷"业务拓展以后再视情况逐步增加。"小微企业池"的企业也可按自觉自愿、风险共担的原则筹集资金，加入助保金，扩大风险补偿金规模，发挥更大的杠杆作用。

第五条　企业助保金缴纳比率

企业应在签订借款合同和担保合同前先行缴纳企业助保金，每年按不低于实际获得贷款额的4%缴纳助保金，其中2%在其归还清贷款后三个月内退还，剩余2%必须存入专户。

第六条　助保金池账户管理

助保金管理机构在中国建设银行衡山支行开设专户存放"企业助保金"和"政府风险补偿金"，其中"企业助保金"由中国建设银行衡山支行代收。该账户性质为保证金账户，封闭运行，采用受托运作、专户管理，资金本金仅限于提供"助保贷"业务的担保及代偿。除经助保金管理机构和中国建设银行衡山支行共同确认为代偿外，该账户内资金本金不得提取和支用。

第七条　助保金使用

贷款到期前7个工作日，中国建设银行衡山支行书面通知贷款企业做好归还到期贷款本息准备，同时书面通知助保金管理机构。

企业贷款逾期超过1个月，中国建设银行衡山支行根据约定及时启动代偿程序，用"企业助保金"先行代偿贷款本金和利息（含复利和罚息）。同时中国建设银行衡山支行须书面通知助保金管理机构。

第八条　政府风险补偿金使用

当"企业助保金"不足代偿银行逾期贷款本金和利息时，不足部分由中国建设银行衡山支行向助保金管理机构提出补偿申请，由"政府风险补偿金"按不足部分的50%比例分担，分担额最高不突破当年政府风险补偿金账户中的资金总额。

第九条 助保金管理机构

县政府成立"助保贷"业务管理委员会（以下简称管委会），由常务副县长牵头，分管副县长具体抓，县法院、检察院、经开区管委会、政府办、公安局、财政局、金融办、经信局、工商局、环保局、国土资源局、房产局、国税局、地税局、中国人民银行衡山支行、中国建设银行衡山支行等相关部门参与，全力创优环境，控制和降低运行风险，多渠道了解和掌握企业信用风险变化情况。"助保贷"业务管理委员会下设办公室（以下简称管委办），负责"小微企业池"目标客户的遴选、退出及"助保金池"资金的归集、运营管理等工作，配合中国建设银行衡山支行发放助保金贷款等。管委办成员由县经开区管委会、政府办、财政局、经信局、金融办、中国人民银行衡山支行等单位组成，助保金池内的所有资金支付，都必须经管委办报管委会审批同意。

第十条 "助保贷"额度放大倍率

按照在中国建设银行衡山支行的政府风险补偿金账户中资金总额，贷款额度放大 10 倍，以后年度放大倍率由管委会与中国建设银行共同商定。中国建设银行衡山支行应确保在此业务的存续期内，最大限度用好贷款额度，支持县域经济发展。

第二章 贷款对象、基本条件与担保方式

第十一条 贷款对象

列入"助保贷"小微企业池的企业必须是经国家工商行政管理机关核准登记，发展前景好、税收回报率高、排放和环保达标、无财政欠款、按时交纳社保金、土地证件齐全、内部管理规范的企业，由县经开区管委会、经信局推荐，中国建设银行衡山支行、助保金管理机构共同把关确定。小微企业的划分标准按照中国建设银行最新的客户认定标准执行。对机械制造、电子轻工、新能源等主导产业要重点支持。

第十二条 借款人基本条件

（1）借款人为本县小微企业"助保贷"小微企业池中企业。

（2）借款人应满足在中国建设银行办理信贷业务的基本要求，采用评分卡评分，分数达到 60 分（含）以上，或信用等级为 A 级（含）以上。

（3）符合本县产业发展战略和扶持政策，符合中国建设银行行业

信贷政策。

（4）中国人民银行衡山支行征信系统中，企业连续5年无不良信用记录。

（5）企业在其他第三方征信渠道中无不良信用记录。

（6）企业在中国建设银行衡山支行开设基本结算账户或承诺结算占比不低于贷款占比，同意办理"助保贷"满足其融资需求，并愿意配合中国建设银行衡山支行开展"助保贷"业务。

（7）企业或企业法人无参与高利贷行为，无购买期货等高风险经营行为，且其实际控制人及其配偶无涉黑、参与高利贷等违法行为。

（8）企业连续5年内无偷税、骗税、抗税和欠税行为，或者近2年年平均纳税额在100万元以上。

第十三条　担保方式

除企业助保金和政府风险补偿金外，贷款企业须提供不低于贷款额度40%的、符合中国建设银行要求的抵（质）押物或保证。

贷款企业法定代表人、实际控制人或主要股东在签订自然人保证合同后对"助保贷"贷款本息承担连带清偿责任。

第三章　贷款额度、期限、利率与还款方式

第十四条　贷款额度

采取评分卡评分的企业"助保贷"额度最高不超过500万元；采取小企业客户信用评级办法进行评级的企业，贷款额度最高不超过2000万元。

第十五条　贷款期限

贷款期限最长不超过1年。

第十六条　贷款利率

助保金的利率原则上不高于中国建设银行其他信贷业务品种的贷款利率。

第十七条　还款方式

可采用到期一次性还款或分次还款方式。

第四章　贷款业务操作

第十八条　签订助保金合作协议

中国建设银行股份有限公司衡阳市分行与助保金管理机构签订《"助保贷"业务合作协议》。

第十九条　客户筛选

贷款客户主要从小微企业池名录中筛选，对于优质、具有潜力的中国建设银行衡山支行目标客户，可向助保金管理机构提交《小微企业"助保贷"客户推荐表》，审核通过后纳入"小微企业池"。

第二十条　受理准入

中国建设银行衡山支行受理客户业务申请材料，并对企业的基本情况和风险状况进行审核，确定是否符合基本准入条件，对符合准入条件的，要求企业应按规定提交建行授信所需材料。

第二十一条　审查备案

中国建设银行衡山支行根据审批结论，向助保金管理机构提交《"助保贷"业务推荐函》及相关资料。助保金管理机构对贷款人的审查程序：

（1）由管委办组织县经开区管委会、政府办、金融办、财政局、经信局等成员单位根据本办法第十一条、第十二条进行贷款企业资格审查，在《"助保贷"业务推荐函》上签具审查意见。

（2）县政府分管副县长、管委会主任对贷款企业相关情况进行审查，在《"助保贷"业务推荐函》上签具审定意见。

（3）经上述审查同意后，由管委办出具《"助保贷"风险补偿备案通知书》，并通知企业按规定缴纳"企业助保金"。

第二十二条　缴纳助保金

贷款审批通过后，中国建设银行衡山支行客户经理书面通知借款企业按照规定比例将"企业助保金"交存至专用账户上。

第二十三条　合同签订

在企业缴足助保金后，中国建设银行衡山支行与企业签订借款合同和担保合同。

第二十四条　贷款发放

中国建设银行衡山支行信贷执行人员应对全套贷款资料进行审核，确认贷款审批条件、合同条款已落实，借款合同、担保合同等法律文件要素齐全、手续完备，抵（质）押登记手续已办妥的，按照约定发放贷款。贷款发放后3个工作日内告知助保金管理机构。

第五章　贷款回收管理

第二十五条　正常回收

企业按照合同约定的方式归还贷款。

第二十六条　助保金代偿

在贷款到期前 7 个工作日，助保金管理机构应配合中国建设银行衡山支行做好到期贷款的催收工作，企业贷款逾期超过 1 个月，中国建设银行衡山支行根据约定，立即启动债务追偿程序，用"企业助保金"先行代偿逾期贷款，同时函告助保金管理机构。

第二十七条　"政府风险补偿金"代偿

当"企业助保金"不足清偿逾期贷款本息时，不足部分由中国建设银行衡山支行向助保金管理机构提交《关于使用政府风险补偿资金代偿"助保贷"的函》，提出代偿申请后，由"政府风险补偿金"按不足部分的 50% 比例分担，县财政不对政府风险补偿金以外的代偿分担承担连带责任。

第二十八条　债务追偿

在实施助保金代偿以后，中国建设银行衡山支行向借款人以执行担保的方式进行债务追偿。追索回的资金或企业恢复还款收回的资金，扣除双方认可的追索费用、违约金后，先偿还银行债权，剩余部分按比例补回"政府风险补偿金"后再补回"企业助保金"。

第六章　贷　后　管　理

第二十九条　助保金管理机构与中国建设银行衡山支行应积极协作开展贷后管理工作，助保金管理机构应指定专人提供中国建设银行衡山支行所需的贷后检查资料，同时各方应加强沟通协调，定期或不定期召开联席会议，了解贷款企业情况、贷款审批要求等，协商解决贷款运行中出现的问题。中国建设银行衡山支行要定期向县金融办、财政局、经信局、中国人民银行衡山支行等部门通报业务开展情况，县经开区管委会、经信局等单位要加强对企业的引导和管理，促使企业规范经营。

第三十条　对于恶意逃避债务导致银行贷款损失和"企业助保金""政府风险补偿金"损失的贷款企业，根据实际情况将贷款企业及责任人列入征信黑名单。

第三十一条　本办法由管委会负责解释。

第三十二条　本办法自发布之日起施行。

资料来源：湖南省横山县党政门户网（http：//www.hengshan.gov.cn），2015年7月28日。

附录1-13　湖北省黄梅县企业续贷周转金管理办法（节选）

第一章　总　　则

第一条　根据《省人民政府办公厅转发省政府金融办等部门关于帮助企业做好流动性风险防范化解工作指导意见的通知》（鄂政办发〔2015〕76号）和《省政府金融办、人民银行武汉分行、湖北银监局关于全省银行业贯彻落实"不断贷、不抽贷、不压贷"要求的通知》（鄂金办发〔2015〕55号）文件精神，建立企业续贷周转金（以下简称"周转金"）。为了使用和管理好周转金，确保周转金规范运作、安全运行，充分发挥周转金使用效益，特制定本办法。

第二条　周转金是我县为贯彻落实全省银行业"不断贷，不抽贷，不压贷"要求，切实为实体经济营造良好的外部环境而设立的临时应急"过桥"资金。

第三条　县财政部门负责周转金的筹集、投放、回收和监督管理，协调与银行、企业的关系，确保资金安全有效使用。

第四条　银行部门设立还贷专户。企业用财政周转金借款归还银行贷款，将从财政周转金账户直达银行还贷专户。企业用银行续贷资金归还财政周转金，将直接从银行还贷专户直达财政周转金专户。

第二章　使用原则

第五条　周转金使用遵循以下原则：

（一）突出重点

突出支持有市场、有税收、有创汇、有科技含量、信誉好、提供就业岗位多的规模以上大企业。具体支持条件：年实现税收100万元以上；用工200人以上；自营出口创汇100万美元以上；新三板、四板挂牌；科技含量高（获省级以上专利）。凡符合上述条件之一的，可申请周转金支持。

（二）短期周转

周转金主要用于解决企业因归还银行贷款资金而带来的临时性资金周转困难，单笔周转时间不超过 10 天，特殊情况最长期限不超过 15 天（合同签订日算起），且能保证在年底前回收。企业借款时，必须提供银行贷款承诺函，承诺放贷的时间和额度。

（三）免费使用

周转金实行免费使用，如企业还款逾期，则按同期银行贷款利率计算，收取滞纳金。

第三章　周转金投放

第六条　根据县政府安排，县财政局具体负责周转金的投放工作，具体程序如下：

（一）企业申报，财政审核

企业出具申请报告、银行承诺函等相关资料向县财政局申报，县财政局审核后，提出支持初步方案。

（二）政府审批，财政拨款

县政府对财政局提出的初步支持方案进行审核、批复，后由财政与企业签订借款合同，并由企业出具付款委托函，委托财政局将财政周转金借款在企业银行贷款到期日前一天直拨到银行还贷专户。

第七条　企业与县财政局签订周转金借款合同时，要以银行承诺函作为合同附件。

第四章　周转金回收

第八条　周转金回收由县财政局负责。县财政局督促企业及时与银行联系，在周转金合同期内与银行办完续贷手续，并向银行出具委托函，委托银行将续贷资金从银行还贷专户直拨到财政周转金专户。

第五章　监督管理

第九条　财政部门应认真履行职责，严格审核资格条件和企业财务状况，力求投放准确、高效。加强周转金的跟踪监督，确保周转金安全。

第十条　银行部门应严格履行承诺，如违背承诺函，不给企业续贷，或续贷额度少于承诺额度以及没有在承诺的时间内，将续贷资金直拨至财政周转金专户，财政部门须及时向有权机关主张行权，追究银行的法律责任。同时，财政将扣减在该银行的存款额，政府将通报批评，并在年度考核中，实行一票否决。

第十一条 企业应严格履行合同，在规定的时间内，协助银行办完续贷手续，委托银行将续贷资金划入财政周转金专户。对逾期还款的，将取消继续申请周转金借款资格。同时，收取滞纳金，建立周转金风险补偿金，防控政府风险。逾期超过三个月的，将启动法律程序，进行追偿。

第六章 附 则

第十二条 《黄梅县企业续贷周转金管理暂行办法》（梅政规〔2015〕6号）同时废止。

第十三条 本办法由黄梅县财政局负责解释。

第十四条 本办法自发布之日起实行。

资料来源：湖北省黄梅县人民政府网站（http：//www.hmzx.gov.cn），2016年2月3日。

附录1-14 安徽省岳西县政银担风险补偿基金管理暂行办法（节选）

第一章 总 则

第一条 为积极组织推动政银担合作，有效防范化解金融风险，切实为中小微企业融资担保提供风险保障，依据《岳西县政策性融资担保风险分担和代偿补偿实施意见》，以及国家、省、市、县有关政策性融资担保方针政策等，结合我县实际，制定本暂行办法。

第二条 政银担补偿基金（以下简称"本基金"）包括县财政预算安排、补偿基金收益及追偿回收款等，由财政部门统一管理，实行"专款专户"，用于为我县政银担合作融资担保提供风险保障。

第三条 使用管理本基金相关单位，根据以下职责分工履行本基金使用管理职责：

（1）岳西县政策性融资担保机构负责开展担保业务，并按季度将担保情况上报县政府。在担保业务出现代偿后，负责将签约各方代偿情况上报县政府金融办。

（2）县财政部门负责本基金的预算安排、拨付、管理，参加项目评审、督查、验收。

（3）县金融办负责本基金的管理监督。

（4）担保业务出现代偿，签约银行按协议承担20%责任后，才可向县财政申请本基金的补偿。

第二章　资金使用范围

第四条　资金使用范围

（1）用于政银担合作担保业务中县政府承担的10%责任的风险补偿。

（2）用于鼓励银行参与政银担合作，并将签约前与立信担保公司合作的担保贷款业务转变为政银担合作担保业务，对于这些业务出现代偿的，按签约银行分担金额的50%给予补偿奖励。

第三章　补偿项目申报、审批

129

第五条　申报本基金需提交以下材料：

（1）银行代偿通知；

（2）贷款本金清算详单；

（3）已收回本息金额等。

第六条　建立本基金项目库。在县政府统一领导下，由岳西县政策性融资担保机构将政银担补偿基金的代偿项目代偿情况、追偿情况上报县政府。

第七条　项目审批。县政府指定县金融办审核立信担保公司上报情况，无误后，报县政府批准，县财政将补偿拨付给相关银行和担保机构。

第四章　资金监督与管理

第八条　政银担补偿基金实行资金报账制、项目审计制。

（一）资金报账制

政银担补偿基金按照财政资金管理办法报账提款。

（二）项目审计制

政银担补偿基金接受审计部门审计。

第九条　本基金实行同一项目在同一年度不重复享受原则。

第十条　本基金支持的担保项目为合法合规项目，资金的申请需以正式文件向主管部门报告，县政府批准，杜绝任何一方恶意套取基金。

第十一条　县财政、审计、监察等部门对本资金使用、实施情况进行检查监督。

第十二条　对违反本办法，虚报、冒领、截留、侵占、挪用本基金的单位和个人，依据有关法律法规处理；构成犯罪的，依法追究刑事责任。

第五章　附　　则

第十三条　本暂行办法由县财政局、金融办负责解释。

第十四条　本暂行办法自颁布之日起施行，有效期三年。

资料来源：安徽省岳西县人民政府网站（http：//www.yuexi.gov.cn），2015年11月10日。

附录 2　县域金融集聚评价研究

县域经济是经济社会发展的重要支撑，县域金融业发展水平对县域经济发展、经济结构调整和产业转型升级支持作用巨大（张志元等，2015）。目前我国县域层面金融集聚的极化效应已经显现，一些发达县域依靠区位、资源等基础条件实现了经济的率先起步，吸引了大量金融和信贷资源，为产业结构升级和经济转型提供了进一步支持，金融与经济之间已呈现良性互动局面，而一些落后县域却依然徘徊在粗放发展的路径当中，饱受金融资源流失之苦，经济转型步履维艰。科学评价县域金融集聚水平对于分析金融集聚演进趋势，加快县域金融集聚，充分发挥金融集聚对县域经济的助推作用具有重要意义。本章将首先构建县域金融集聚评价指标体系，利用指标数据的熵值确定各指标权重，然后运用 TOPSIS 法对山东省 90 个县级单位 2009～2013 年的金融集聚水平进行了综合评价，在分析了山东省县域金融集聚的演进趋势的基础上提出了相关政策建议。

附录 2.1　相关研究综述

关于金融集聚的评价指标，近年来对金融集聚成因及经济效应的相关研究往往采用某一类金融指标作为金融集聚的代理变量，如成春林等（2013）在对江苏省县域层面金融集聚的影响因素进行分析时使用存贷款总量作为金融集聚的代理变量，周天芸等（2014）在对金融机构空间集聚与经济增长关系的研究中使用金融机构密度来衡量金融集聚水平。但是有关金融集聚水平评价的研究更多地使用了复合指标体系。如胡坚等（2003）认为经济因素、金融因素和政治因素是影响一个地区能否成为国际金融中心的三个最主要因素。在构建国际金融中心的评估指标体系中引入了经济指标、金融指标和政治指标三类指标，包含 GDP

增长率、金融部门产值/GDP、金融从业人员占全部人员的比例等22个指标，并通过回归和实证检验方法从统计的角度检验了这些指标对国际金融中心评估的显著性。张泽慧（2005）则认为金融中心指标体系的构成应包括国内霸主地位、金融中心的流动性、金融的集中度、资本的安全性等四个方面。因此在金融中心指标体系中引入了金融部门产值/GDP，金融中心从业人员数量，金融机构数量等指标。殷兴山等（2003）在其构建的城市金融竞争力评价指标体系中主要包含了金融集聚力，金融资源率和金融区位力。其中金融集聚力的评价模型的指标主要选取了金融机构存款余额、金融机构贷款余额、保费收入、金融从业人员等。王仁祥等（2005）在区域金融中心的研究中采用了模糊综合评判与AHP相结合的方法，其一级指标包含了经济发展、金融集聚、城市发展；二级指标经济发展包含GDP、人均GDP、GDP增长、社会消费品零售总额、财政收入、固定资产投资。金融集聚指标包含本外币存款余额，本外币贷款余额，外资银行家数，商业银行分支机构数，金融从业人员数，金融从业人员占总就业人员比率，保险收入，证券交易量，期货交易量。城市发展指标包含第三产业增加值，第三产业增加值占GDP比重，基础设施投资，基础设施投资占总投资的比重，货物周转量，旅客周转量，邮电业务量。法律政治环境包含法律环境，信用环境，优惠政策。黄解宇等（2006）构建了金融中心建设条件的基本评价指标，并认为经济规模、金融集聚程度、机构集聚程度、经济区位力、金融需求因素、环境因素、制度因素、金融基础设施指标是国内金融中心的形成与集聚的主要条件。现有评价研究为本章指标体系的构建和研究方法的选取提供了良好的借鉴，但大多针对省级或区域金融集聚情况进行评价，尚缺乏有针对性的县域金融集聚指标体系及实证评价研究。

附录2.2　县域金融集聚评价指标体系构建及评价方法介绍

附录2.2.1　评价指标体系构建

评价指标的选取不仅关系到整个评价体系构建的合理性，更关系到最终评价结果的准确性。相对于省市层面的地区单位，县域金融集聚尚处于初级阶段，从而呈现出独有的特点：一是县域金融集聚层次较低。与省市单位尤其是发达地区相比，县域金融市场规模较小，高度依赖银行信贷为主的间接融资。同时，县域金融市场金融机构规模较小，以中小金融机构为主，非正规渠道融资占有相当大的比重。因此，银行存贷款规模及储蓄存款规模是县域金融集聚的直接体现。二是县域金融集聚水平差异明显。基于县域经济发展的不平衡性，县域金融集聚水平呈现出较大差异，部分发达县域凭借良好的资源环境禀赋和产业基础吸引了大量金融机构和金融资源的集聚，而一些落后县域经济发展尚处于起步阶段，金融资源处于净流出状态，更是难以吸引外部金融资源和金融机构的进入。以上差异集中表现在县域金融机构种类和数量的明显差异。因此金融机构及其从业人员数量也是衡量县域金融集聚的重要标准。

综合以上分析，本研究认为县域金融集聚可以用金融资源的集聚、金融机构的集聚和金融产值的集聚来衡量。金融资源的集聚即银行存贷款规模的大小，而储蓄存款是存款派生的基础，是金融机构集聚的基础，故将其也纳入指标体系中。金融机构集聚可以用县域金融机构及其从业人员数量来衡量。县域金融产值体现了县域金融产业的总体规模，可以用金融产业增加值来衡量。

借鉴现有研究成果中金融集聚的相关指标，同时结合县域金融集聚特点及数据可得性，依据科学性、合理性、可比性和操作性的原则，本章构建了如附表 2-1 所示的指标体系，该指标体系分为目标层、准则层和指标层，其中目标层即为金融集聚程度指标；准则层则包含金融资源、金融机构和金融产值三个层次，分别反应各县域存贷款规模、金融机构数量和金融产值的大小；指标层由 6 个具体指标构成，其中金融资源包括存款金额、贷款金额和储蓄金额；金融机构包括金融机构数量和金融从业人员数量；金融产值包括金融增加值。

附表 2-1　　　　　　　　山东金融集聚程度评价指标体系

目标层（X）	准则层（X^i）	指标层（X^i_j）
金融集聚水平（X）	金融资源（X^1）	存款金额（X^1_1）
		贷款金额（X^1_2）
		储蓄金额（X^1_3）

目标层（X）	准则层（X^i）	指标层（X_j^i）
金融集聚水平（X）	金融机构（X^2）	金融机构数量（X_1^2）
		金融从业人员数量（X_2^2）
	金融产值（X^3）	金融增加值（X_1^3）

附录 2.2.2　熵权 TOPSIS 评价方法介绍

1. 指标规范化处理

为消除各个指标间数量级别和量纲之间的差异，首先需要对指标数据进行无量纲化处理。由于各个指标代表了某一县市的金融集聚程度，均属于越大越优型的指标，即测度值越大，该县市金融集聚程度越高。因此，选用公式（1）对决策矩阵进行规范化处理。

$$a_{sj} = \frac{x_{sj} - \min x_j}{\max x_j - \min x_j} \tag{1}$$

规范化后的决策矩阵记为 $A = (a_{sj})_{p \times n}$。

2. 指标权重计算

本章应用熵权法对各县域金融集聚程度的单项指标进行赋权。熵起源于热力学，是信息论中的重要概念，它代表了系统的无序程度。熵权法是一种客观赋权方法。在具体的使用过程中，熵权法根据各指标的变异程度，利用信息熵计算出各个指标的熵权，再通过熵权对各个指标进行修正，从而得出指标权重权重。一般地，某项指标的熵值越小，则该指标值变异程度越大，该指标所包含的信息量就越大；反之，某项指标的熵值越大，则该指标值变异程度越小，该指标所包含的信息量就越小。

在此以 e_j 表示各项评价指标的熵值，则有：

$$e_j = (\ln q)^{-1} \sum_{s=1}^{q} p_{sj} \ln x_{sj} \tag{2}$$

式中，p_{sj} 为第 j 指标下被评价地区 T_s 的指标值比重：

$$p_{sj} = \frac{a_{sj}}{\sum_{s=1}^{q} a_{sj}} \tag{3}$$

计算指标变异度：

$$d_j = 1 - e_j, \quad (1 \leqslant j \leqslant n) \tag{4}$$

计算指标权重：

$$q_j = \frac{d_j}{\sum\limits_{j=1}^{n} d_j} \tag{5}$$

3. 运用 TOPSIS 法进行评价

TOPSIS（Technique for Order Preference by Similarity to ideal Solution）法由黄（Hwang）首次提出，也称优劣解距离法。是一种多目标的决策方法，可用于效益评价、决策、管理多个领域。TOPSIS 法的基本原理是通过检测评价对象与最优解、最劣解的距离来进行排序，若评价对象最靠近最优解同时又最远离最劣解，则为最好；否则不为最优。其中最优解的各指标值都达到各评价指标的最优值。最劣解的各指标值都达到各评价指标的最差值。TOPSIS 法相对于传统的评价方法具有计算简便，对样本要求量不大等特点，因此采用 TOPSIS 法来建立各县域金融集聚程度评价模型。

首先，运用规范化的决策矩阵和权重向量构成加权的决策矩阵，即：

$$R = (r_{sj})_{q \times n} = (a_{sj} w_j)_{q \times n} \tag{6}$$

其次，确定理想解 S^+ 和负理想解 S^-，及各列最大、最小值构成的向量：

$$S^+ = \{ maxr_1, \ maxr_2, \ \cdots\cdots, \ maxr_n \} \tag{7}$$

$$S^- = \{ minr_1, \ minr_2, \ \cdots\cdots, \ minr_n \} \tag{8}$$

再次，确定评价对象与理想解和负理想解的距离。分别为：

$$D_s^+ = \sqrt{\sum_{j=1}^{n} (S_{maxj} - S_{sj})^2} \tag{9}$$

$$D_s^- = \sqrt{\sum_{j=1}^{n} (S_{minj} - S_{sj})^2} \tag{10}$$

最后，确定被评价对象与最优方案的接近程度 L，即各县域金融集聚程度综合评价值。L 值越大说明金融集聚程度越高。

$$L_s = \frac{D_s^-}{D_s^+ + D_s} \tag{11}$$

当评价对象的指标划分成不同层次时，就需要利用多层次评价模型进行评价。多层次模型是在单层次评价模型基础上得到的，将单层次评价的结果构成更高层次的评价矩阵，再采用上述步骤对矩阵进行评价，即可得到最终评价结果从而确定最终的县域金融集聚程度排序。

附录2.3　县域金融集聚评价及演进趋势分析——以山东省为例

附录2.3.1　数据来源

由于各县域有关金融机构数量的数据于 2009 年开始发布，因此我们选取 2009~2013 年这一时间段进行计量统计分析。其中存款金额、贷款金额和储蓄金额来自于各年《山东省统计年鉴》；金融机构数量以及金融机构从业人员数来自于各年《山东省金融年鉴》；各年金融增加值来自于山东省统计局。根据《2014 年山东省统计年鉴》公布的数据，为更加准确地反映县域单位金融集聚水平，本章在山东省 2013 年底所辖 137 个县级单位中剔除了所有市辖区，得到 90 个县级单位。其中 2012 年 12 月 1 日开始青岛胶南市与黄岛区合并为新的青岛市黄岛区，考虑到样本的连贯性本章保留了胶南市并利用 2012 年胶南市数据代替其 2013 年数据；同时由于长岛县面积较小，在此不予考虑。因此最终所评价县域数量依然为 90 个。本章实际计算过程利用 MATLAB 编程实现。

附录2.3.2　评价结果及分析

结合公式（1）~（11），我们首先计算得出准则层各项指标的熵值、变异度和权重等阶段性参数（如附表 2-2 所示），根据各指标数值及其权重，我们进一步得出金融资源（X^1）、金融机构（X^2）和金融产值（X^3）三项准则层指标的评价结果 L_1、L_2、L_3。为更加清晰地展示评价结果，我们进一步利用 ARCGIS 软件绘制了三项指标评价得分排名的分布地图，限于篇幅，文中未对所有县市得分进行列示，且只展示了评价阶段期初和期末即 2009 年和 2013 年的得分地图，具体如附图 2-1~附图 2-6 所示，图中对评价得分进行了五级等分，颜色越深代表集聚水平越高，地级市未进行评价，其地图着色与最高等级相同。

附表 2 - 2　　　　　　　准则层评价阶段性参数

年度	参数	X_1^1	X_2^1	X_3^1	X_1^2	X_2^2	X_1^3
2009	e_j	0.9231	0.9190	0.9271	0.9443	0.969	0.9183
	d_j	0.0769	0.0810	0.0729	0.0557	0.0310	0.0817
	θ_j	0.3333	0.3507	0.3160	0.6421	0.3579	1.0000
2010	e_j	0.9250	0.9191	0.9336	0.9469	0.9596	0.8906
	d_j	0.0750	0.0809	0.0664	0.0531	0.0404	0.1094
	θ_j	0.3374	0.3640	0.2986	0.5680	0.4320	1.0000
2011	e_j	0.9250	0.9159	0.9388	0.9508	0.9562	0.8834
	d_j	0.0750	0.0841	0.0612	0.0492	0.0438	0.1166
	θ_j	0.3404	0.3819	0.2778	0.5289	0.4711	1.0000
2012	e_j	0.9238	0.9137	0.9392	0.9511	0.9547	0.8924
	d_j	0.0762	0.0863	0.0608	0.0489	0.0453	0.1076
	θ_j	0.3413	0.3865	0.2722	0.5189	0.4811	1.0000
2013	e_j	0.9237	0.9122	0.9407	0.9520	0.9498	0.8942
	d_j	0.0763	0.0878	0.0593	0.0480	0.0502	0.1058
	θ_j	0.3413	0.3931	0.2655	0.4891	0.5109	1.0000

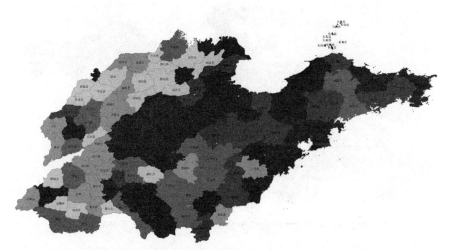

附图 2 - 1　2009 年山东省县域金融资源集聚水平分布图

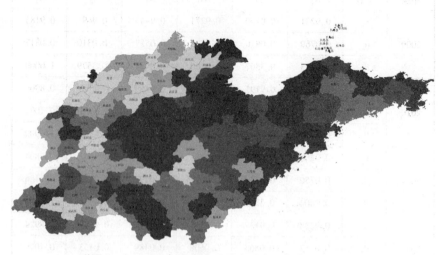

附图 2 – 2　2013 年山东省县域金融资源集聚水平分布图

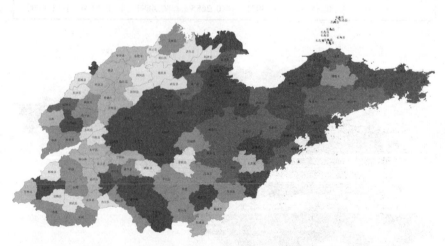

附图 2 – 3　2009 年山东省县域金融机构集聚水平分布图

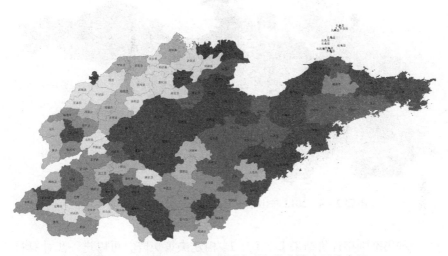

附图2－4　2013年山东省县域金融机构集聚水平分布图

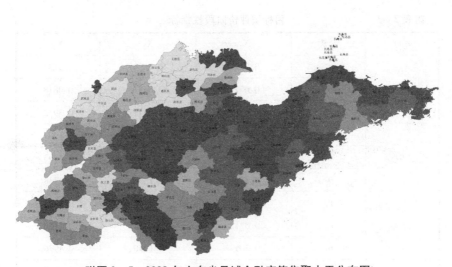

附图2－5　2009年山东省县域金融产值集聚水平分布图

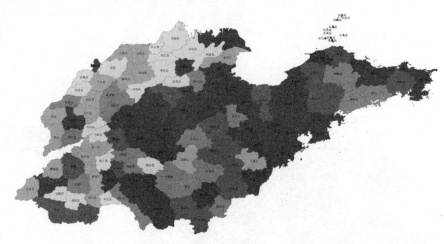

附图 2 - 6   2013 年山东省县域金融产值集聚水平分布图

利用准则层评价结果 L_1、L_2、L_3 构建决策矩阵，可以进一步计算目标层即各县域金融集聚程度的总体评价指标 L，其中目标层评价的阶段性参数如附表 2 - 3 所示，目标层评价结果如附图 2 - 7、附图 2 - 8 所示。

140

附表 2 - 3   目标层评价阶段性指标

年度	参数	X_1	X_2	X_3
2009	e_j	0. 9223	0. 9504	0. 9182
	d_j	0. 0777	0. 0496	0. 0818
	θ_j	0. 3717	0. 2371	0. 3912
2010	e_j	0. 9223	0. 9562	0. 8907
	d_j	0. 0777	0. 0438	0. 1093
	θ_j	0. 3366	0. 1896	0. 4738
2011	e_j	0. 9288	0. 9545	0. 8834
	d_j	0. 0712	0. 0455	0. 1166
	θ_j	0. 3053	0. 1950	0. 4996
2012	e_j	0. 9292	0. 9528	0. 8924
	d_j	0. 0708	0. 0472	0. 1076
	θ_j	0. 3137	0. 2093	0. 4770

年度	参数	X_1	X_2	X_3
	e_j	0.9300	0.9534	0.8942
2013	d_j	0.0700	0.0466	0.1058
	θ_j	0.3148	0.2096	0.4756

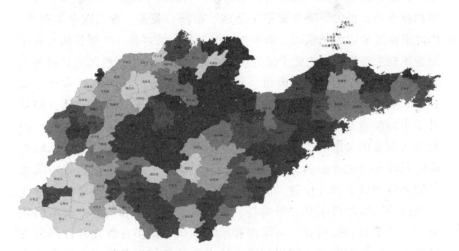

附图 2 – 7　2009 年山东省县域金融集聚水平分布图

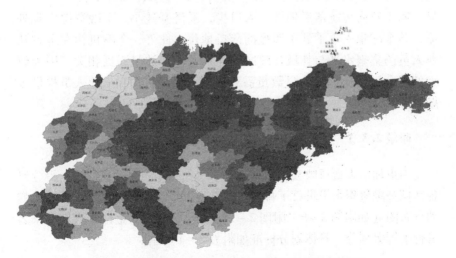

附图 2 – 8　2013 年山东省县域金融集聚水平分布图

　　附图2-1~附图2-8展示了各单项评价指标及总体评价指标下山东省各县域金融集聚水平的排名分布，呈现出十分明显的集群分布和梯度分布规律，其中第一梯队主要分布在三个区域：半岛沿海地区、鲁中经济带以及鲁南强县邹城市和滕州市。山东半岛黄渤海沿岸借助区位优势和外向型产业吸附了大量金融资源，这一地区的典型代表如威海的荣成市，烟台的龙口市、招远市和莱州市，青岛的平度市、即墨市、胶州市和胶南市，鲁中经济带聚集了济南、淄博、莱芜、泰安四个地级市，因此市辖区周边的肥城市、新泰市、邹平县、博兴县、广饶县和寿光市金融集聚水平也在省内处于领先位置。第二梯队以半岛地区的县域外为主，这些县域以烟台的栖霞市、莱阳市和海阳市，潍坊的昌乐县、安丘市、高密市和昌邑市为典型代表，他们虽然稍逊于第一梯队，但是处于半岛腹地及半岛和内陆连接地带，其经济发展水平相对较高，因此及所集聚的金融资源依然高于省内其他地区。第三梯队主要以临沂市的县域和分散在鲁西、鲁南的部分县域组成，他们在山东省内陆地区的县域中处于领先位置，因而能够吸引到相对多的金融资源，这些县域包括临沂的沂水县、沂南县、平邑县、苍山县和费县，聊城的临清市、茌平县和高唐县。而第四和第五梯队多集中在鲁北及鲁西的落后地区，包括了滨州、德州和济宁的大部分县域以及位于该地带地市交接位置少数县域如东阿县和平阴县等，这些县域区位优势并不明显，属于省内传统落后地区，人口少，经济基数小，金融资源大量外流，其金融集聚水平处于明显的落后地位。此外，金融机构和金融从业人员的集聚水平与县域行政区划面积和人口数量高度相关，因为较大的行政区划面积和人口数量需要更多的金融机构和从业人员提供金融服务。

附录2.3.3　县域金融集聚演进趋势分析

　　为更加清晰地反映县域金融集聚水平的变动规律，我们根据得分对各县域金融集聚水平进行了排名，并且根据排名变化情况生成了排名变动分布图（如附图2-9~附图2-12所示），图中对金融集聚水平排名进行了等级划分。具体划分标准如附表2-4所示。

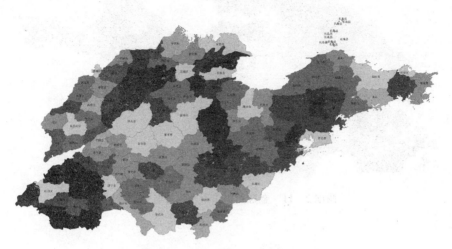

附图 2 - 9　金融集聚水平排名分布图

附图 2 - 10　金融资源集聚水平排名分布图

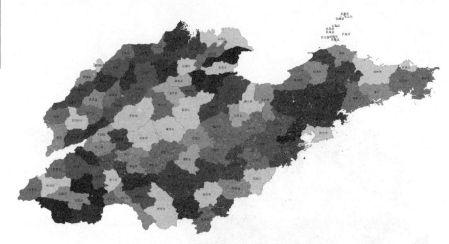

附图 2－11　金融机构集聚水平排名分布图

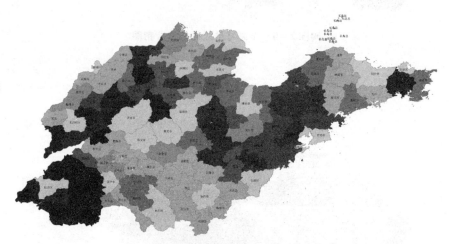

附图 2－12　金融产值集聚水平排名分布图

附表 2－4　　　　　山东省县域金融集聚水平排名变动情况

排名变化	L	L$_1$	L$_2$	L$_3$
上升9名及以上	7	6	7	17
上升4~8名	13	17	13	12
上升1~3名	18	18	18	8
不变	8	9	11	6

排名变化	L	L₁	L₂	L₃
降低 1~3 名	20	20	21	13
降低 4~8 名	18	13	15	9
降低 9 名	6	7	5	25
合计	90	90	90	90

　　根据附图 2 – 9 ~ 附图 2 – 12 所示，无论是金融资源、金融机构、金融产值还是总体情况，2009 ~ 2013 年山东省多数县域金融集聚水平排名都发生了不同程度的变化，结合附表 2 – 4 我们发现，各个评价标准下排名上升的县域数量和排名下降的县域数量基本相当，其中金融集聚水平排名上升幅度较大的县域主要分布在鲁西南的菏泽、鲁北的德州、鲁中的日照以及鲁东半岛腹地等区域，而排名下降幅度较大的县域主要分布在鲁北的滨州、鲁南的枣庄、鲁西的聊城以及鲁中山区等区域，各评价指标下排名变动前十的县域如附表 2 – 5 所示。

附表 2 – 5　　山东省县域金融集聚水平排名变化前十的县域

L		L₁		L₂		L₃	
县域名称	排名变化	县域名称	排名变化	县域名称	排名变化	县域名称	排名变化
无棣县	−20	无棣县	−22	平阴县	−35	郯城县	−63
郯城县	−18	高唐县	−20	邹平县	−22	莱阳市	−36
平阴县	−15	微山县	−20	昌乐县	−14	费县	−28
高唐县	−10	沂源县	−13	高青县	−11	沾化县	−21
微山县	−10	乳山市	−10	蒙阴县	−9	宁津县	−19
乳山市	−9	平原县	−10	昌邑市	−8	平原县	−19
沂源县	−8	禹城市	−9	微山县	−7	东平县	−17
沾化县	−8	宁津县	−8	定陶县	−7	宁阳县	−16
宁阳县	−7	滕州市	−8	成武县	−7	曲阜市	−16
莱西市	7	东明县	7	莱西市	6	商河县	12
金乡县	7	莒县	8	惠民县	6	齐河县	16

L		L₁		L₂		L₃	
县域名称	排名变化	县域名称	排名变化	县域名称	排名变化	县域名称	排名变化
博兴县	8	博兴县	8	临邑县	8	平阴县	19
单县	9	单县	8	广饶县	9	禹城市	19
鄄城县	9	金乡县	10	曹县	9	文登市	23
嘉祥县	11	临沭县	11	垦利县	12	单县	28
郓城县	13	汶上县	11	胶州市	12	东明县	47
曹县	15	鄄城县	12	金乡县	15	曹县	53
东明县	18	东平县	13	博兴县	18	巨野县	53
巨野县	27	嘉祥县	16	巨野县	43	郓城县	61

附录2.4 主要结论及政策建议

本章通过构建县域金融集聚的评价指标体系，利用指标数据的熵值确定各指标权重，在此基础上运用 TOPSIS 法对山东省 90 个县级单位 2009～2013 年的金融集聚水平进行综合评价后发现：山东省县域金融集聚呈现出十分明显的集群分布和梯度分布规律，其中半岛沿海地区、鲁中经济带以及鲁南部分地区金融集聚水平最高，而鲁北、鲁西的多数县域都处于相对落后的位置。同时 2009 年以来多数县域金融集聚水平排名发生了变化，排名上升幅度较大的县域主要分布在菏泽、德州、日照以及半岛腹地区域，而排名下降幅度较大的县域主要分布在滨州、枣庄、聊城以及鲁中山区等区域。

基于上述县域金融集聚分布及变动规律，本章提出如下政策建议：一是继续推动半岛沿海地区和鲁中经济带发挥区位优势，吸引省外甚至全球金融资本集聚，借助"蓝黄"两区经济带建设提升该地区对金融资源、金融机构、金融人才的吸引力，同时依托济南国际金融中心和青岛财富管理中心的外溢效应发展金融配套产业，提升金融集聚水平；二是加快鲁东县域外经济结构转型和产业结构调整，提升产业对金融资源的吸附能力，实现产业—资本相互助推的良性循环；三是通过加快推进省内鲁北、鲁西和鲁南县域新型工业化、城镇化、信息化、农业现代化及绿色化进程，通过寻求产业突破口、加速人口集聚、接力互联网金融、完善农村金融体系及生态文明建设等途径扭转金融资源流失的窘境，吸引更多金融资源助推经济发展；四是积极完善县域金融政策体系，搭建统一性的产权及信用信息平台，通过优化财政支出方式、整合税收优惠政策、落实地方金融监管职能等方式搭建县域金融集聚政策体系，提高县域金融集聚水平；五是积极借助资本市场和互联网金融的"两翼"跨越式提升县域尤其是落后县域金融集聚水平。

147

附录3　县域金融风险集聚评价研究

　　区域金融的运行状况，不仅关系到区域经济的持续、协调发展，还关系到宏观金融乃至宏观经济的整体稳定运行。随着我国区域金融的不断快速发展，有些区域积累起了一定的潜在风险，有些区域非法集资等金融案件频发，已构成较为严重的风险隐患。例如，近年来在浙江温州、江苏泗洪、内蒙古鄂尔多斯、山东淄博等多地出现过地下钱庄资金链断裂、高利贷崩盘等较为严重的金融案件。另外，有些地方政府的整体债务负担较重，并通过政府融资平台向金融体系转移。在这种背景下，国务院办公厅于2013年7月发布的《关于金融支援经济结构调整和转型升级的指导意见》要求深入排查各类金融风险隐患，严守不发生系统性区域性金融风险的底线。区域金融风险之所以得到理论界和实务界的关注，在于其可以迅速在机构和区域之间传染进行形成宏观层面的系统性金融风险。国内外关于金融风险传递机制和传递渠道的研究文献比较丰富。例如爱辛格（Elsinger，2006）将金融风险的传播归纳为银行同质性加强的风险暴露相关性和资本业务联系紧密导致连锁反应两个渠道；达斯古普塔（DasguPta，2000）等学者则将商业银行间的经营业务联系归为系统性风险传播的主要途径；阿沙里（Acharya，2009）则认为由于监管不协调，缺乏有效的全球监管协作，使得单一机构的金融风险可能最终演变为大面积的风险。纪阳（2011）认为区域融资渠道的多元化也使得区域性金融风险的积累增强，且不同区域间的经济往来为区域性金融风险向其他地区的迅速传导提供了渠道；曹源芳和蔡则祥（2013）利用资本市场银行日收益率指标为金融风险的代理变量运用Granger因果关系和脉冲响应函数实证检验了金融风险在中国国内各区域传染效应的存在性。现有研究重点关注了区域金融风险传递的机制和渠道，也有部分研究对区域金融风险集聚的存在性进行了实证检验，但是鲜有研究关注区域金融风险集聚状况的评价分析。而如何全面衡量区域金融风险集聚现状成为加强区域金融风险防控所面临的首要问题。本章利用山东省 2008～2013 年县域不良贷款率数据，运用探索性空间数据分析方法（ESDA）对区域金融风险集聚现状进行分析，以期为加强区域风险防控提供有益的借鉴。

附录3.1 评价方法及数据

附录3.1.1 评价方法

探索性空间数据分析方法（ESDA）的核心是对空间自相关性进行测度，空间自相关是指一个变量在不同空间位置上的相关性。通过对空间自相关的测度可以检验某一区域金融风险水平是否显著地与其临近区域的金融风险水平相关联，如果关联水平高，则说明区域之间的金融风险存在传染，否则就表明区域之间的金融风险水平相对独立，不存在金融风险集聚。

本章的评价过程主要包括两部分：一是通过全域自相关检验探索区域金融风险水平是否存在空间传染。依据空间计量经济学（Anselin，1988）理论，单个区域范围内金融风险水平与其临近区域金融风险水平是密切相关的，而空间自相关检验能够反映这种空间传染效应的强弱；二是通过局域自相关检验获知风险水平的具体空间分布，依据检验结果生成的集群图能够形象地识别区域空间金融风险的空间分布，为进一步分析区域金融风险的传染规律奠定基础。具体分析方法如下：

1. 空间权重矩阵 W_{ij} 的生成

由于相邻地区之间在经济金融方面的联系更为紧密，因而成为区域金融风险集聚的重要影响因素，为界定区域间邻接关系，我们构建如下二进制权重矩阵：

W_{ij} 为二进制的临界空间权重矩阵，一般邻接标准 W_{ij} 为：

$$W_{ij} = \begin{cases} 1 & \text{当区域 i 和区域 j 相邻} \\ 0 & \text{当区域 i 和区域 j 不相邻} \end{cases} \qquad (1)$$

式（1）中，$i = 1, 2, \cdots, n$；$j = 1, 2, \cdots, m$；$m = n$ 或 $m \neq n$。习惯上，令 W 的所有对角线元素 $W_{ij} = 0$。另外，基于 Rook 的临界性规则要求区域之间至少有一条边而不是一个点相邻才视为邻接。

2. 全局空间自相关指数（Moran's I）的计算方法

全域 Moran's I 指数是常用的检验空间数据是否具有空间相关性的方法，该统计量计算公式如下：

$$Moran's\ I = \frac{\sum\limits_{i=1}^{n} \sum\limits_{j=1}^{n} W_{ij}(Y_i - \overline{Y})(Y_j - \overline{Y})}{S^2 \sum\limits_{i=1}^{n} \sum\limits_{j=1}^{n} W_{ij}} \qquad (2)$$

式（2）中，$S^2 = \frac{1}{n}\sum\limits_{j=1}^{n}(Y_i - \overline{Y})$，$\overline{Y} = \frac{1}{n}\sum\limits_{j=1}^{n}Y_i$，$Y_i$，表示第 i 个区域的观测值，n 为地区总数。Moran's I 的取值在 -1 至 1 之间，如果各个地区之间金融风险水平存在传染效应，其绝对值较大；绝对值较小则意味着地区间金融风险集聚效应较弱。

根据全域 Moran's I 指数计算结果，可采用正态分布假设检验 n 个县域是否存在空间自相关关系，Moran's I 的正态统计量 Z 值计算公式为：

$$Z(d) = \frac{Moran's\ I - E(I)}{\sqrt{VAR(I)}} \qquad (3)$$

根据空间数据的分布可以计算正态分布 Moran's I 的期望值和方差为：

$$E_n(I) = -\frac{1}{n-1} \qquad (4)$$

$$VAR(I) = \frac{n^2 w_1 + n m_2 + 3 w_0^2}{w_0^2(n^2 - 1)} - E_n^2(I) \qquad (5)$$

式（3）~（5）中，$w_0 = \sum\limits_{i=1}^{n} \sum\limits_{j=0}^{n} w_{ij}$，$w_1 = \frac{1}{2}\sum\limits_{i=1}^{n} \sum\limits_{j=0}^{n}(w_{ij} + w_{ji})^2$，$w_2 = \sum\limits_{i=1}^{n}(w_{i.} + w_{j.})^2$，$W_{i.}$ 和 $W_{j.}$ 分别为空间权重矩阵中 i 行和 j 列之和。

如果 Moran's I 指数的正态统计量的 Z 值大于正态分布函数在 0.05 水平下的临界值 1.96，表明县域金融风险在空间分布上具有明显的正相关关系，正的空间相关代表相邻地区的类似特征值出现集群趋势，表明区域金融风险存在传染效应；反之则不存在空间自相关关系，表明县域金融风险不存在传染效应。

3. 局域空间自相关指数（Moran's I）的计算方法

局域空间自相关一般采用局域 Moran's I（Local Moran's I）统计量

来测度，计算公式如下：

$$I_i = Z_i \sum_{j=1}^{n} W_{ij} Z_j \tag{6}$$

式（6）中，Z_i 和 Z_j 分别为空间单元 i 和 j 上观测值的标准化值。后续检验方法同步骤（2）类似，在此不再赘述。

4. 局域空间自相关 Moran's I 散点图检验方法

在局域自相关分析中，除采用 Moran's I 统计量进行检验之外，还可以使用 Moran's I 散点图进行检验，即用散点图描述变量 Z 与其空间滞后（即该观测值周围邻居的加权平均）向量 Wz 之间的相关关系，其中横轴对应描述变量，纵轴对应空间滞后向量，四个象限分别识别一个地区及其邻近地区的关系。

第一象限（HH）：表示高风险的区域被风险的其他区域所包围；

第二象限（LH）：表示低风险的区域被风险的其他区域所包围；

第三象限（LL）：低风险区域被低风险区域包围；

第四象限（HL）：高风险区域被低风险区域包围。

一、三象限正的空间自相关关系表示相似观测值之间的空间联系，暗示区域之间存在相似的风险水平和较强的风险集聚效应；二、四象限负的空间自相关关系表示不同观测值之间的空间联系，暗示区域之间存在风险差异和较弱的风险集聚效应；如果观测值均匀地分布在四个象限，则表示地区之间不存在空间自相关性。

5. 局域空间自相关 LISA 图绘制

在上一步基础上，我们可以绘制 LISA 图，形象地观察不同年份地区间金融风险水平的空间分布及其变化情况，进而推断金融风险的空间分布及其在区域之间的传递路径。

附录 3.1.2 指标及数据

为分析区域金融风险集聚性，我们用银行不良贷款率来作为金融风险的衡量指标，采用山东省 2008～2013 年 90 个县域（不含长岛）的不良贷款率数据，利用 Stata 14.0 以及 Arcgis 10.1 软件进行分析，相关数据源自各年《山东金融年鉴》。附表 3－1 报告了县域不良贷款率的描述统计分析结果，2008 年以来山东省县域不良贷款率呈现逐年下降趋势。

附表 3 - 1　　　　　县域金融风险水平描述统计分析

	2008	2009	2010	2011	2012	2013
平均值	11.75	9.73	5.76	4.13	3.29	2.39
中位数	10.14	8.09	4.34	2.92	2.41	1.59
标准差	8.38	7.53	5.19	4.46	3.68	2.76
最大值	42.49	44.17	31.51	33.46	25.66	17.05
最小值	0.31	0.72	0.25	0.20	0.17	0.12
变异系数	0.71	0.77	0.90	1.08	1.12	1.15

附录3.2　山东省县域金融风险集聚状况评价

附录3.2.1　全局空间自相关分析

附表 3 - 2 的全局空间自相关结果表明，2008~2012 年山东省县域之间的金融风险水平存在显著的正向空间相关性，表明区域金融风险在县域之间存在较强传染效应。

附表 3 - 2　　　　　县域金融风险集聚效应分析

年份	Moran's I	E（I）	sd（I）	z	p-value
2008	0.319	-0.011	0.077	4.266	0.000
2009	0.388	-0.011	0.076	5.255	0.000
2010	0.306	-0.011	0.074	4.26	0.000
2011	0.304	-0.011	0.068	4.611	0.000
2012	0.312	-0.011	0.070	4.596	0.000
2013	0.236	-0.011	0.073	3.372	0.000

同时，Moran's I 指数表明，2008 年美国次贷危机爆发之后，山东省县域之间的金融风险相关程度逐渐上升，体现了上述传染效应的增强，但是这种传染效应在 2013 年明显下降。上述结果可能是因为受 2008 年美国次贷危机影响，省内县域不良贷款率到达较高水平，并且

通过产业链条和银行融资链条向县域外传递，尽管 2009 年县域金融风险总体水平有所下降，但是表征其空间相关水平的全局空间自相关指数大幅上升。随着经济刺激计划和宽松货币环境的到来，加之政府和金融机构相应风险防控措施的出台，县域不良贷款率总体水平及其空间相关水平呈现缓慢下降趋势，并在 2013 年到达最低水平。

附录 3.2.2   局域空间自相关分析

在全局空间自相关检验的基础上，我们进一步通过局域空间自相关检验观察县域金融风险水平及其传染效应的变动趋势。附图 3 – 1 ~ 附图 3 – 6 显示了 2008 ~ 2013 年山东省县域金融风险水平的分布区规律，图中我们可以发现，代表县域的点大多分布在第一象限和第三象限，表明山东省县域金融风险水平存在明显的空间集聚效应，即高风险县域和高风险县域相邻近、低风险县域和低风险县域相邻近。与此同时，代表县域的点逐渐向坐标系中心收敛，处于第一象限的县域数量逐渐减少，第四象限的县域数量逐年密集，进一步印证了全局空间自相关分析的结论，即县域之间风险水平的下降及其传染效应的减弱。

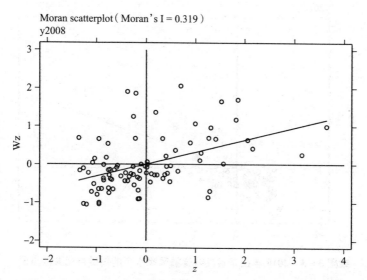

附图 3 – 1   2008 年山东省县域金融风险水平的局域自相关散点图

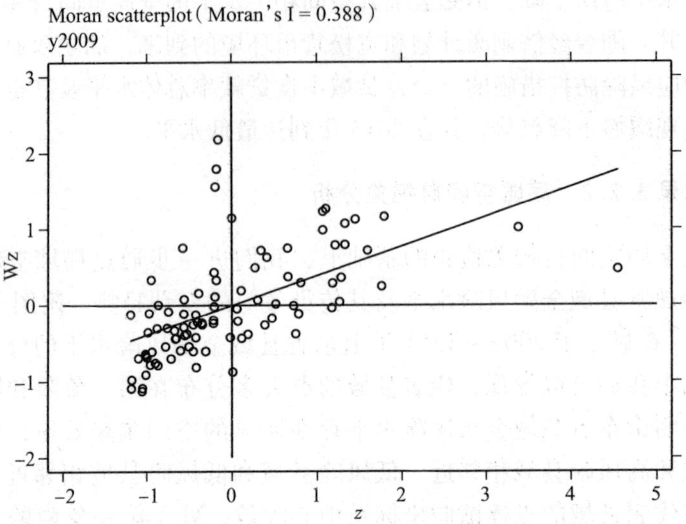

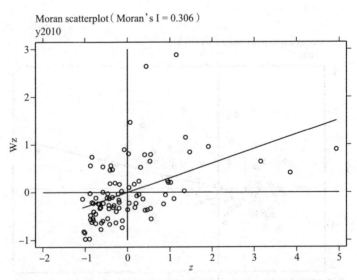

附图 3 - 2　2009 年山东省县域金融风险水平的局域自相关散点图

附图 3 - 3　2010 年山东省县域金融风险水平的局域自相关散点图

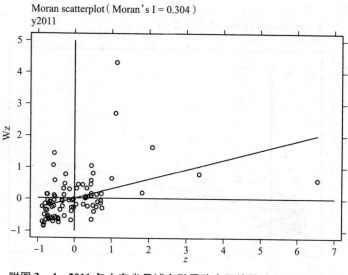

附图 3 – 4　2011 年山东省县域金融风险水平的局域自相关散点图

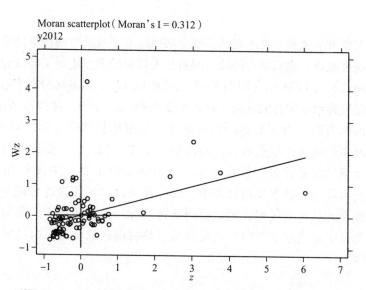

附图 3 – 5　2012 年山东省县域金融风险水平的局域自相关散点图

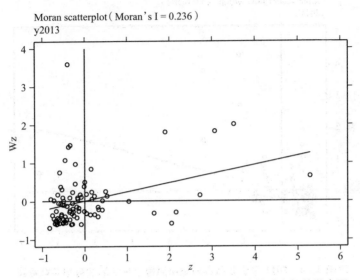

附图 3 – 6　2013 年山东省县域金融风险水平的局域自相关散点图

　　为更为形象和直观地观测县域金融风险水平及其空间传染的空间分布及演进规律，我们结合局域空间自相关检验的散点绘制了县域金融风险空间分布的 LISA 图（附图 3 – 7 ~ 附图 3 – 12）。从地区分布来看，省内金融风险水平较高的县域相对集中于鲁西北的德州、鲁西南的菏泽、鲁南的临沂以及山东半岛的烟台地区，呈现出较强的空间传染效应，是金融风险防控的重点地区，而潍坊、滨州、东营、济南和青岛地区县域金融风险整体处于较低水平。从时间演进来看，2008 年和 2009 年，高风险县域较多且相对集中，此后高风险县域数量逐步减少，其空间集聚现状有所缓解，但是德州地区、菏泽地区和济宁的部分地区依然集聚了省内绝大多数高风险县域，是目前区域金融风险防控的重点地区。

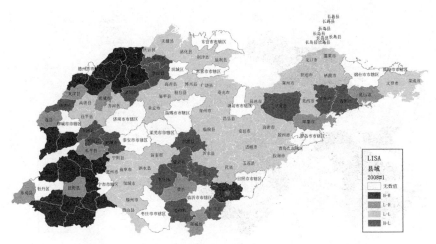

附图3-7 2008年山东省县域金融风险水平空间分布图

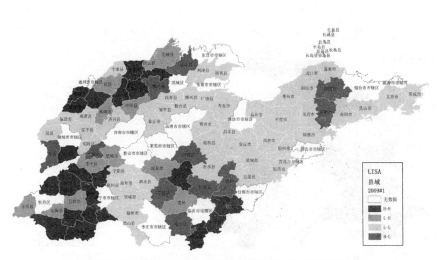

附图3-8 2009年山东省县域金融风险水平空间分布图

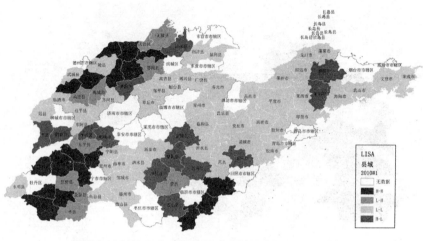

附图 3-9　2010 年山东省县域金融风险水平空间分布图

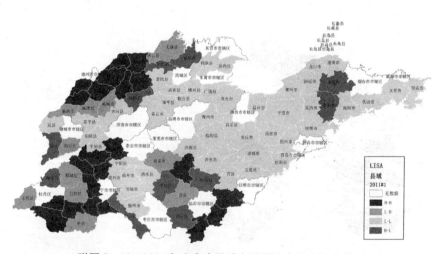

附图 3-10　2011 年山东省县域金融风险水平空间分布图

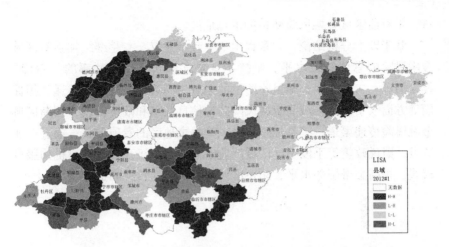

附图 3-11 2012 年山东省县域金融风险水平空间分布图

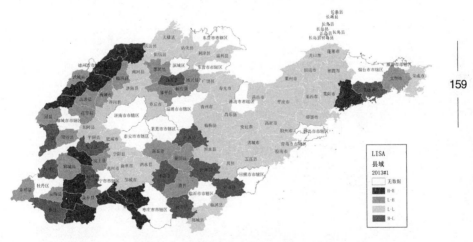

附图 3-12 2013 年山东省县域金融风险水平空间分布图

附录 3.3 主要结论及政策建议

本章利用山东省 2008~2013 年县域不良贷款率数据，运用探索性空间数据分析方法（ESDA）对区域金融风险集聚现状进行分析后发现，山东省县域金融风险呈现较强的风险集聚效应，但这种传染效应呈现逐年减弱趋势，具体表现为高风险县域空间集聚数量和范围的减少，德州地区、菏泽地区和济宁的部分地区依然集聚了省内绝大多数高风险县域，是目前区域金融风险防控的重点地区。

　　基于以上分析结论，本章提出如下政策建议：一是继续加强对区域金融风险的总体防控水平，坚持不良贷款额和不良贷款率的"双降"控制措施；二是加强金融风险防控的区域协同治理，从产业传递、担保圈等方面入手加强区域间金融风险防控信息共享和政策协调，切断区域金融风险传递渠道；三是加强金融风险集聚地区的专项方式，通过产业政策、财税政策等手段引导区域产业结构转型升级，创新金融机构服务模式，提高金融服务水平，防止区域金融风险的转移和扩散。

附录4　县域金融机构集聚状况研究

山东省人民政府《关于加快全省金融改革发展的若干意见》即"金改二十二条"提出，争取用5年左右时间，初步建成与山东省实体经济相适应、市场化水平较高的现代金融体系。县域经济是山东省经济发展的重要支撑点，县域金融业发展水平对县域经济发展、经济结构调整和产业转型升级支持作用巨大。金融机构是金融市场的主体，金融机构的总量、类型结构在很大程度上代表着县域金融发展水平及县域经济总体实力。近年来，山东省县域金融业机构建设取得了很大成绩，但是总体而言发展依然相对滞后。为此，本章分析了近年来山东省县域各类融资型金融机构的空间分布现状，梳理了山东省各类金融机构县域网点布设规律，并在此基础上提出了加强县域金融机构建设和优化县域金融机构布局的政策建议，以期为山东县域金融改革发展提供决策参考。本章利用山东省标准化研究院金融机构组织代码数据展开分析，数据截至日期为2013年底。此外，区县级分析对象为山东省的140个县级单位，其中50个市辖区，90个县（市）。

附录4.1　大中型金融机构空间集聚及演进趋势

银行类金融机构是我国当前金融体系的核心，其空间分布特征在我国的金融机构分布中具有决定性意义。

附录4.1.1　国有大型股份制商业银行

国有大型股份制商业银行包括中国工商银行、中国建设银行、中国银行、中国农业银行和交通银行。因几大银行的功能定位不同，在机构布局及演进方面也存在显著差异。

从支行网点布局来看，目前五家国有大型股份制商业银行均遵循城

市为主的战略（如附表 4 - 1 数据所示），其中，城市网点比重最高的
是中国交通银行和中国建设银行，其城市网点比重分别达到了 87.88%
和 75.15%；而县域网点比重最高的是中国农业银行和中国银行，其县
域网点比重分别为 44.83% 和 38.83%。总体来看，五家国有大型股份
制商业银行的 2602 个支行网点中，县域网点仅占 34.32%，呈现明显的
城市战略。

附表 4 - 1　　　　国有大型股份制商业银行支行网点城乡分布　　　单位：家

	合计	城区支行	比重（%）	县域支行	比重（%）
中国工商银行	655	442	67.48	213	32.52
中国建设银行	515	387	75.15	128	24.85
中国银行	600	367	61.17	233	38.83
中国农业银行	667	368	55.17	299	44.83
中国交通银行	165	145	87.88	20	12.12
合计	2602	1709	65.68	893	34.32

2000 年以来，国有大型股份制商业银行网点数量有较大增长，但
以城市网点为主。上世纪末，国有大型股份制商业银行实施战略收缩，
其县域网点被大量撤并，城市网点逐步增加，体现出国有大型股份制商
业银行清晰的城市化发展战略（详见附表 4 - 2），银行商业化改革后，
在追求经济效益目标引领下的合乎规律的战略调整，体现了金融发展对
经济发展的依赖性。该类银行机构在城市集中布局，为工业化、城市化
及城市经济发展提供了有力的金融支持。但是与此同时，大量国有大
型股份制商业银行从县域撤出，也为农村金融市场留下了服务缺口，
减少了县域经济主体获取金融服务的机会。附图 4 - 1 显示，五大国
有股份制商业银行的城区网点分布密度较高，而县域地区网点密度整
体较低。

2011 年以来，随着近年来城区银行竞争的加剧以及县域经济的发
展，部分发达县域也吸引了国有大型股份制商业银行的目光，国有大型
股份制商业银行新增网点开始向县域地区倾斜。工、农、中、建四家银
行每年新增支行中县域支行的比重在不断提高，反映了国有大型股份
制商业银行重返发达县域、服务县域大型优质客户的趋势（详见附表

4 - 2）。目前拥有 10 家及以上国有大型股份制银行支行网点的县域达到了 23 个，占比 25.56%；拥有 6~10 家国有大型股份制银行支行网点的县域达到了 47 个，占比 52.22%。

附表 4 - 2　　国有大型股份制商业银行支行新增网点城乡分布变动趋势

支行分布		2000 年前	2001~2005 年	2006~2010 年	2011~2013 年	合计
中国工商银行	城区	168 (61.10)	106 (89.83)	96 (88.07)	72 (46.75)	442 (67.48)
	县域	107 (38.90)	12 (10.17)	13 (11.93)	82 (53.25)	213 (32.52)
	合计	275	118	109	154	655
中国建设银行	城区	13 (58.01)	146 (94.81)	47 (95.92)	60 (74.07)	387 (75.15)
	县域	97 (41.99)	8 (5.19)	2 (4.08)	21 (25.93)	128 (24.85)
	合计	231	154	49	81	515
中国银行	城区	57 (38)	169 (76.82)	97 (60.25)	44 (63.77)	367 (61.17)
	县域	93 (62)	51 (23.18)	64 (39.75)	25 (36.23)	233 (38.83)
	合计	150	220	161	69	600
中国农业银行	城区	158 (45.14)	94 (83.19)	78 (68.42)	38 (42.22)	368 (55.17)
	县域	192 (54.86)	19 (16.81)	36 (31.58)	52 (57.78)	299 (44.83)
	合计	350	113	114	90	667
中国交通银行	城区	60 (93.75)	48 (85.71)	29 (80.56)	8 (88.89)	145 (87.88)
	县域	4 (6.25)	8 (14.29)	7 (19.44)	1 (11.11)	20 (12.12)
	合计	64	56	36	9	165

注：括号内为区域占比，单位%

163

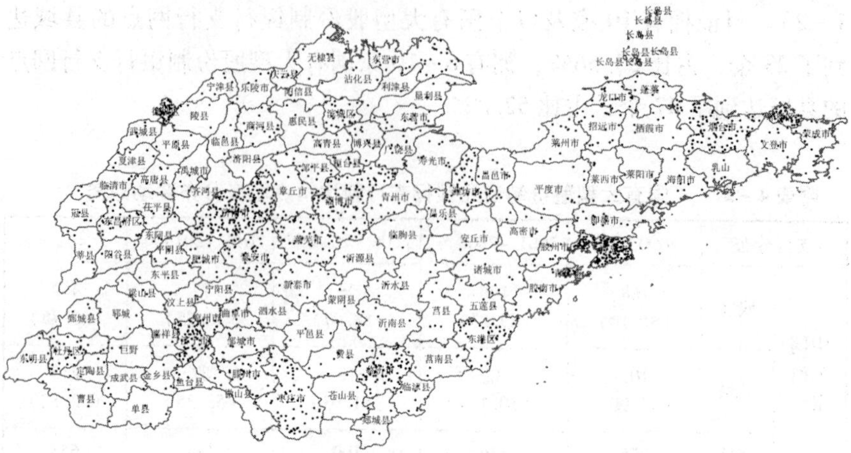

附图 4 - 1　山东省国有大型股份制商业银行支行网点地区分布图

附录 4.1.2　股份制商业银行

全国性股份制商业银行是指在全国范围内开展商业金融业务的股份制银行，目前主要有招商银行、中信银行、华夏银行、中国光大银行、上海浦东发展银行、中国民生银行、兴业银行、广发银行、平安银行（原深圳发展银行）、浙商银行、渤海银行、恒丰银行共 12 家。全国性股份制商业银行已经成为我国商业银行体系中一支富有活力的生力军，成为银行业乃至国民经济发展不可缺少的重要组成部分。当前总行设在山东的全国性股份制商业银行为恒丰银行，山东省共有全国性股份制银行一级分行 23 家，主要分布在济南、青岛和烟台三个城市（如附图4-2 所示），这些股份制银行在山东省各个地市设有 64 家分行和 425家支行，其中城区支行 335 家，占比 78.82%，县域支行 90 家，占比21.18%。由此看出，全国性股份制商业银行严格遵循绩效原则引导网点布设，因而发达地区和城市地区成为其必争之地。1995 年以来，山东省全国性股份制商业银行网点稳步增加，其中 2003 年和 2012 年增幅较大（详见附图 4-3）。随着县域经济的壮大，全国性股份制银行也开始向部分发达县域延伸，2010 年以来全国性股份制商业银行新增支行网点中县域比重逐渐上升（详见附图4-4），其中即墨、胶州、龙口、蓬莱等东部发达县域股份制银行支行网点均超过 5 家，广饶、莱州、兖州、章丘、桓台、垦利、邹城、荣成等县域股份制银行支行网点也有 3~4 家不等。

附图4-2　山东省股份制商业银行支行网点地区分布图

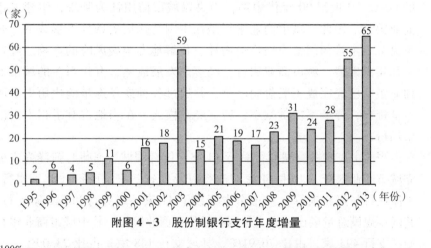

附图4-3　股份制银行支行年度增量

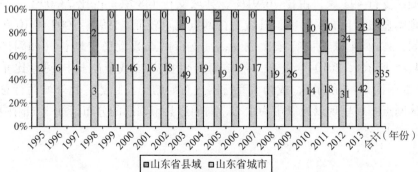

附图4-4　股份制银行新增支行城乡分布（单位：%）

附录4.2　中小型金融机构空间集聚及演进趋势

附录4.2.1　城市商业银行

城市商业银行是中国银行业的重要组成和特殊群体，其前身是20世纪80年代设立的城市信用社，当时的业务定位是：为中小企业提供金融支持，为地方经济搭桥铺路。从20世纪80年代初到20世纪90年代，全国各地的城市信用社发展到了5000多家。然而，随着中国金融事业的发展，城市信用社在发展过程中逐渐暴露出许多风险管理方面的问题。20世纪90年代中期，中央以城市信用社为基础，组建城市商业银行。因此，城市商业银行是在中国特殊历史条件下形成的，是中央金融主管部门整肃城市信用社、化解地方金融风险的产物。经过十几年的发展，城市商业银行已经逐渐发展成熟，有相当多的城市的商业银行已经完成了股份制改革，并通过各种途径逐步消化历史上的不良资产，降低不良贷款率，转变经营模式，在当地占有了相当大的市场份额。

当前山东省共有城商行总行14家，仅有聊城、滨州与菏泽尚未成立城市商业银行，上述14家城商行以及外省三家城商行（北京银行、天津银行与河北银行）在山东省开设了41家一级分行和641家支行，其网点规模总量堪比一家大型国有股份制商业银行。其中城市商业银行城区支行493家，占比76.91%，县域支行148家，占比23.09%，呈现明显城市化布局特征，县域支行网点比重较低。1996～2007年10年间，省内14家城商行依次成立，其支行网点数量稳定增长（如附图4-5所示），2010年以来，各城商行也提高县域金融机构网点比重（如附图4-6所示），成为城商行网点布局的一大趋势，此外城商行总体网点布局呈现以地级市为中心，向周边县市辐射的分布特征（如附图4-7所示）。

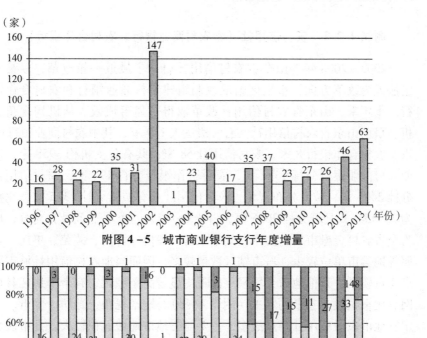

附图 4 - 5 城市商业银行支行年度增量

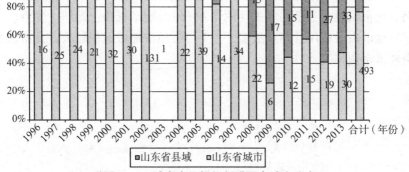

附图 4 - 6 城市商业银行新增网点城乡分布

附图 4 - 7 山东省城市商业银行支行网点地区分布图

附录 4.2.2　农村信用社（含农村商业银行、农村合作银行）

2003～2008 年，山东省农村信用社启动了最近一轮改革，以县一级法人为改革方向，市地区情况改制组建农村商业银行和农村合作银行，十年来，山东省农村信用社改革取得了显著成效。从机构视角分析，目前山东省农村信用社共有一级法人 119 家，其中农村商业银行 43 家，农村合作银行 8 家，农村信用社 68 家；共有分支机构 3958 家，其中农村商业银行分行 1382 家，农村合作银行分行 174 家，农村信用社分社 2402 家。城乡分布视角，农村信用社共有城区分社 1325 家，比重为 33.45%，县域分社 2636 家，占比 66.55%，重心下沉最为充分，成为全省农村金融市场主力军。其中东营、淄博、济南、莱芜、枣庄、日照等地县市单位较少，城市辖区数量较多，因而当地农村信用社城市网点比重较高，其他地市县域网点比重均显著高于城区，有十个地区县域网点比重超过全省平均水平（附图 4-8）。地区视角，潍坊、临沂、济宁三地市农村信用社网点最多，主要与三地市地域面积较大，县市区数量较多密切相关。

附图 4-8　山东省农村信用社（含农合行、农商行）支行网点城乡分布图
注：白色标识为县域支行，黑色标识为城区支行。

附录 4.2.3　中国邮政储蓄银行

中国邮政储蓄银行 2007 年在邮政储蓄机构基础上成立，2008 年 1

月邮储银行各省级分行成立，大量邮政储蓄机构改制为邮政储蓄银行支行。目前中国邮政储蓄银行在山东设有一级分行一家，二级分行16家，支行1322家，其中城区支行402家，占比30.41%；县域支行920家，占比69.59%，成为除农信社以外重要的县域金融机构，其县域网点比重甚至超过了农村信用社，其中临沂、烟台、潍坊等县域单位较多的地市网点数量明显高于其他地区，而德州、聊城、济宁三地县域支行网点比重高达85%以上（附图4-9）。

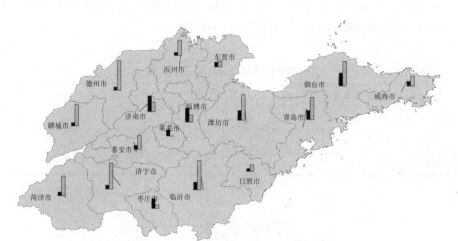

附图4-9　山东省邮政储蓄银行支行网点城乡分布图

注：黑色标识为县域支行，灰色标识为城区支行。

附录4.2.4　村镇银行

为解决农村地区银行业金融机构网点覆盖率低、金融供给不足、竞争不充分问题，积极探索建立适应"三农"特点的村镇银行、贷款公司和农村资金互助社等新型农村金融机构，不断提高农村金融服务质量和水平，2006年12月，中国银监会发布《关于调整放宽农村地区银行业金融机构准入政策更好支持社会主义新农村建设的若干意见》，在内蒙古、吉林、湖北、四川、甘肃、青海6个省（区），开展了新型农村金融机构试点工作。2007年10月，中国银监会发布《中国银监会关于扩大调整放宽农村地区银行业金融机构准入政策试点工作的通知》，将调整放宽农村地区银行业金融机构准入政策试点范围扩大至全国31个省（区、市）。截至2013年底，山东省共有村镇银行机构142家，其中村镇银行76家，村镇银行分行66家。从成立时间来看，2008年山东省首次设立村镇银行，2009年处于低迷状态，2010年之后开始发力，2011年后进入快速发展阶段（详见附表4－3）。分布地域视角，由于受到政策限制，现有76家村镇银行总行机构均匀分布于全省各地不同的县（市、区），其中，19家位于地级市城区，但均位于主城区以外，另外57家全部分布于县域，总体来看多位于强县（市）和中等县（市），鲁西南、鲁北和沂蒙山区还存在部分村镇银行空白县，全省约32个县（市）无村镇银行机构（详见附图4－10）。

附表4－3　　　　山东省村镇银行分年度设立进度　　　　单位：家

	2008年	2009年	2010年	2011年	2012年	2013年	各地市合计
总行	2	—	8	23	22	21	76
分行	—	0	1	5	27	33	66
山东省合计	2	—	8	23	22	21	76

170

附图4－10　山东省村镇银行及其支行网点城乡分布图
注：圆点为总行，三角形为支行。

从发起行来看，农村商业银行（农村合作银行）、国有股份制银行以及城商行占据发起行前三甲，现有76家村镇银行中，22家村镇银行是由省内金融机构跨地市设立，34 家村镇银行由外省金融机构跨省设立，而不论跨地市还是跨省发起设立，农商行均称为绝对主力。此外，城市商业银行及农村商业银行发起设立的村镇银行扩张欲望最为强烈，其支行设立速度快，数量多（详见附表 4－4）。尤其是城市商业银行，其发起设立权被银监会叫停之后，旗下村镇银行走上了支行扩张道路。

附表 4－4　　　山东省 79 家村镇银行发起设立情况　　　单位：家

发起行性质	农商行	国有银行	城商行	股份制银行	政策性银行	外资银行
发起设立数量	43	18	11	2	1	1
其中：省内机构跨地区发起数量	11	0	5	2	0	1
其中：外省机构跨省发起数量	32	0	4	0	0	0

综上所述，村镇银行的设立在一定程度上弥补了金融服务空白，这一增量改革举措有效提高了县域金融机构覆盖率。农商行与城商行借助村镇银行机构及其支行网点实现跨地区的扩张，而国有股份制银行为代表的大银行则通过村镇银行的设立扩大对中小客户群体的覆盖，随着机构数量的进一步增加，村镇银行之间、村镇银行与农村信用社（农村商业银行）等原有金融机构之间地盘的争夺必将演变为客户的争夺，将会在很大程度上改变普惠金融市场供给不足，竞争不充分的现状。

附录4.3　小额贷款公司空间集聚及演进趋势

为有效配置金融资源，增加"三农"和小企业贷款的供给，2008年 5 月，中国人民银行和中国银监会联合发布《关于小额贷款公司试点的指导意见》，允许各省级政府批准设立小额贷款公司。同年 9 月，山东省人民政府办公厅和山东省金融办分别发布了《关于开展小额贷款公司试点工作的意见》和《山东省小额贷款公司试点暂行管理办法》，确立了山东省小额贷款公司的基本制度框架。

山东省小额贷款公司从 2008 年开始设立，2010 年和 2011 年达到顶峰，截至2013年底，全省小额贷款公司数量达到284家，其中城区135家，占比47.54%，县域149家，占比52.46%。小额贷款公司的发展与地区中小企业的发达程度以及民间资本的充裕程度密切相关，因而小额贷款公司数量居前五位的地市依次是潍坊、滨州、东营、临沂和日照。在政策引导下，多数小额贷款公司都位于县域，尤其是民间资本发达的邹平、寿光、博兴、广饶、诸城等县域小贷公司发展数量领先（详见附图4-11）。小额贷款公司由当地企业发起设立，因此其在支持地方中小企业发展，疏导民间借贷资金方面发挥了重要作用，但是其当前规模及数量也远不能满足中小企业融资需求，市场空间及发展潜力十分巨大。

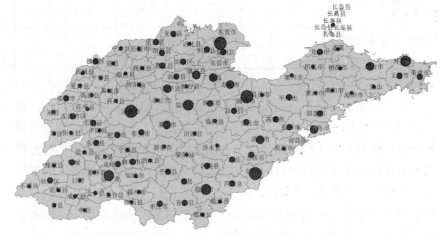

附图4-11　山东省小额贷款公司分布情况

注：点越大代表数量越多。

附录4.4　主要结论及政策建议

附录4.4.1　主要结论

1. 布局优化彰显改革成果

近年来，山东省辖内包括各类银行金融机构和小额贷款公司在内的融资型金融机构网点总量持续增加，网点覆盖率不断提高，各金融机构战略清晰，市场定位明确，初步构建了多层次的金融机构体系，金融机构布局不断优化。国有大型股份制商业银行的股改上市，全国性股份制商业银行的全国扩张，城市商业银行公司治理的完善，农村信用社股权结构的优化，中国邮政储蓄银行的改制以及村镇银行的设立成为这一切发展成果背后不可或缺的推进动力，体现了近年来金融机构改革的丰硕成果。

2. 中小型金融机构发展抢眼

由于国有大型股份制商业银行以及中国邮政储蓄银行网点数量多且建设年份较早，其网点数量相对稳定。近年来金融机构网点数量的扩张中，中型金融机构尤其是地方性中小型金融机构成为网点增长的主力，股份制商业银行、城市商业银行、村镇银行等银行金融机构建设步伐明显加快。此外，小额贷款公司也异军突起，业绩抢眼。体现了近年来地方经济的迅速发展及其与金融发展形成的良性互动。地方性金融机构更贴近地方经济发展的特征和需求，在对中小企业贷款方面更具信息优势，是山东省金融机构发展的一个重要方向。

3. 城乡差异显著但趋势乐观

从区域分布差异来看，山东省经济金融发展的城乡差异依然显著，县域及以下的农村地区无论机构数量还是机构种类都远远落后于城市地区。一是由于国有大型股份制商业银行、全国性股份制银行等大型金融机构偏好于城市地区，其网点布局以城市地区为主。二是因为农村地区金融机构小而散、实力弱。但令人欣慰的是，部分发达县市经济的率先崛起吸引了诸多金融机构的入驻，包括国有大型股份制商业银行、全国性股份制银行。同时，随着 2006 年以来中央对农村金融放宽市场准入、加大改革力度等一系列政策的落实，县域金融机构的种类、数量、规模也呈现出积极的变化。

附录 4.4.2　政策建议

基于全文分析及以上结论，结合山东省人民政府《关于加快全省金融改革发展的若干意见》提出的改革发展思路，本研究提出县域金融机构建设方面的几条简要政策建议：

1. 引导大中型商业银行网点布局

国有大型股份制商业银行和全国性股份制商业银行是信贷市场融资的主渠道，城市网点布局也相对完善，因此应该引导其在全省县域的网点布设，着力推进股份制银行实现金融创新试点县和经济百强县率先全覆盖；鼓励全国性金融机构在我省增设分支机构和网点；吸引境内外金融机构来我省设立地区总部和专业机构。

2. 优化县域金融机构存量

农村信用社（农村商业银行、农村合作银行）、邮政储蓄银行等机构历史较为悠久，网点数量众多，其经营绩效对于山东省经济实现均衡发展具有重要意义，因此要通过优化市场定位、加大产品创新力度、优化发展环境的措施，提高现有机构网点的服务水平和服务能力；发挥农村信用社和邮政储蓄银行点多面广的优势，通过自助设备的布放提高其支农覆盖面；同时以股份制为方向，以建立现代银行制度为目标，全面深化农村信用社改革。

3. 做大地方金融机构增量

大力引导和推进城市商业银行县域及以下网点建设，实现城市商业银行省级示范镇全覆盖；推动村镇银行引入民营资本，优化股权结构，尽快实现村镇银行县域全覆盖；努力拓宽小额贷款公司融资渠道，继续放宽小贷公司股东地域限制和经营范围限制，鼓励符合条件的小额贷款公司增资扩股、增设分支机构，推动符合条件的小额贷款公司改制为村镇银行；强化基层农业保险服务，在乡（镇）、村建立"三农"保险基层服务站；规范发展农村合作金融组织，发展新型农村合作金融服务。

参 考 文 献

［1］艾洪德、张羽：《辽宁省区域金融风险实证研究》，载于《财经问题研究》2005 年第 3 期。

［2］白钦先：《金融可持续发展研究导论》，中国金融出版社 2001 年版。

［3］保罗·克鲁格曼：《城市、区域与国际贸易》，中国人民大学出版社 2005 年版。

［4］贝利：《地方政府经济学》，北京大学出版社 2006 年版。

［5］边志强：《财政体制、经济环境与中国省级政府间竞争机制》，载于《东岳论丛》2014 年第 9 期。

［6］蔡友才、陆娟：《我国农村政策性金融的国际借鉴与改革思路》，载于《当代财经》2005 年第 4 期。

［7］蔡玉胜：《中国地区经济发展中的地方政府竞争类型分析》，载于《人文杂志》2006 年第 2 期。

［8］蔡玉胜：《中国区域经济发展中地方政府竞争的异质性》，载于《学海》2006 年第 3 期。

［9］蔡则祥：《县域经济发展与农村金融服务体系重塑》，载于《江苏社会科学》2004 年第 5 期。

［10］蔡则祥：《县域经济发展中的金融支持问题研究》，载于《南京社会科学》2003 年第 7 期。

［11］曹源芳、蔡则祥：《基于 VAR 模型的区域金融风险传染效应与实证分析——以金融危机前后数据为例》，载于《经济问题》2013 年第 10 期。

［12］曾康霖、蒙宇、刘楹：《论县域金融制度变迁与创新——对一组经济欠发达地区县域金融制度安排的剖析》，载于《金融研究》2003 年第 1 期。

　　[13] 车欣薇、部慧、梁小珍等：《一个金融集聚动因的理论模型》，载于《管理科学学报》2012年第3期。

　　[14] 陈俊、胡宗义、刘亦文：《金融集聚的区域差异及影响因素的空间计量分析》，载于《财经理论与实践》2013年第6期。

　　[15] 陈立泰、刘倩：《我国西部地区金融集聚与城镇化互动关系实证分析》，载于《城市问题》2012年第9期。

　　[16] 陈文锋、平瑛：《上海金融产业集聚与经济增长的关系》，载于《统计与决策》2008年第10期。

　　[17] 陈祖华：《金融中心形成的区位、集聚与制度探析》，载于《学术交流》2010年第5期。

　　[18] 成春林、华桂宏：《金融集聚影响因素的县域分析——基于2002~2011年江苏64个县市的实证研究》，载于《江苏社会科学》2013年第6期。

　　[19] 崔光庆、王景武：《中国区域金融差异与政府行为：理论与经验解释》，载于《金融研究》2006年第6期。

　　[20] 戴志敏、郭露、彭继增：《省域金融集聚发展与产业传导关联——以江西为例》，载于《软科学》2011年第25卷第6期。

　　[21] 邓薇、吕勇斌、赵琼：《区域金融集聚评价指标体系的构建与实证分析》，载于《统计与决策》2015年第19期。

　　[22] 邓薇：《我国金融业空间布局及影响因素分析》，载于《统计与决策》2015年第21期。

　　[23] 邓向荣、刘文强：《金融集聚对产业结构升级作用的实证分析》，载于《南京社会科学》2013年第10期。

　　[24] 丁艺、李林、李斌：《金融集聚与区域经济增长关系研究》，载于《统计与决策》2009年第6期。

　　[25] 丁艺、李树丞、李林：《中国金融集聚程度评价分析》，载于《软科学》2009年第6期。

　　[26] 董晓林、徐虹：《我国农村金融排斥影响因素的实证分析——基于县域金融机构网点分布的视角》，载于《金融研究》2012年第9期。

　　[27] 樊纲、张曙光：《公有制宏观经济理论大纲》，三联书店1990年版。

　　[28] 樊纲、张曙光：《经济效率与经济潜在总供给》，载于《中国

社会科学院研究生院学报》1990 年第 5 期。

[29] 樊向前、范从来：《城市金融竞争力影响因素和评估体系研究——基于金融地理学的信息视角》，载于《江苏社会科学》2016 年第 2 期。

[30] 方红生、张军：《中国地方政府竞争、预算软约束与扩张偏向的财政行为》，载于《经济研究》2009 年第 12 期。

[31] 冯辉：《论我国的地方政府竞争及其法治调控?》，载于《广东社会科学》2016 年第 5 期。

[32] 冯涛、赵会玉：《地方政府竞争视角下的中国经济增长》，载于《学术交流》2009 年第 9 期。

[33] 冯兴元：《论辖区政府间的制度竞争》，载于《国家行政学院学报》2001 年第 6 期。

[34] 冯兴元：《中国辖区政府间竞争理论分析框架》，载于北京天则经济研究所工作论文，2002 年。

[35] 冯兴元、刘会苏：《中国的市场整合与地方政府竞争——地方保护与地方市场分割问题及其对策研究》，北京天则经济研究所研究报告，2003 年。

[36] 付强、乔岳：《政府竞争如何促进了中国经济快速增长：市场分割与经济增长关系再探讨》，载于《世界经济》2011 年第 7 期。

[37] 傅利平、姜聘：《区域经济中地方政府行为的博弈分析——以京津冀地区为例》，载于《哈尔滨商业大学学报》（社会科学版），2007 年第 6 期。

[38] 傅强、马青、Sodnomdargia Bayanjargal：《地方政府竞争与环境规制：基于区域开放的异质性研究》，载于《中国人口·资源与环境》2016 年第 3 期。

[39] 傅强、马青：《地方政府竞争、城乡金融效率对城乡收入差距影响——基于动态面板数据模型》，载于《当代经济科学》2015 年第 4 期。

[40] 傅强、朱浩：《中央政府主导下的地方政府竞争机制——解释中国经济增长的制度视角》，载于《公共管理学报》2013 年第 1 期。

[41] 傅勇、张晏：《中国式分权与财政支出结构偏向：为增长而竞争的代价》，载于《管理世界》2007 年第 3 期。

[42] 辜胜阻、李华、易善策:《推动县域经济发展的几点新思路》,载于《经济纵横》2010年第2期。

[43] 古学彬:《经济圈金融产业集聚度量与竞争力研究——基于广佛肇经济圈数据分析》,载于《金融经济学研究》2012年第1期。

[44] 谷慎、邹亚力:《地区金融发展中地方政府的角色:基于面板数据模型的研究》,载于《当代经济科学》2012年第6期。

[45] 管斌彬:《长三角地区县域金融生态建设研究》,载于《南通大学学报》(哲学社会科学版),2015年第3期。

[46] 郭露、丁峰:《产业结构、金融集聚与协调发展:长三角地区16个地市1994~2013的实证研究》,载于《经济体制改革》2015年第5期。

[47] 郭庆旺、贾俊雪:《地方政府间策略互动行为、财政支出竞争与地区经济增长》,载于《管理世界》2009年第10期。

[48] 何梦笔:《正确把握和理解中国现代化过程中的制度安排——评胡必亮教授新作〈非正式制度与中国农村发展〉》,载于《经济研究》2007年第6期。

[49] 何梦笔:《政府竞争:大国体制转型的理论分析范式》,载于《广东财经大学学报》2009年第3期。

[50] 何宜庆、陈林心、焦剑雄等:《金融集聚的时空差异与省域生态效率关系研究》,载于《数理统计与管理》2017年第1期。

[51] 何宜庆、廖文强、白彩全等:《中部六省省会城市金融集聚与区域经济增长耦合发展研究》,载于《华东经济管理》2014年第7期。

[52] 胡国晖、郑萌:《金融集聚向扩散转化动因及机理研究》,载于《商业研究》2013年第55卷第4期。

[53] 胡坚、杨素兰:《国际金融中心评估指标体系的构建——兼及上海成为国际金融中心的可能性分析》,载于《北京大学学报》(哲学社会科学版),2003年第5期。

[54] 胡荣昌:《中国地方政府竞争的经济学分析》,载于《学术交流》2011年第1期。

[55] 胡宗义、刘亦文:《金融非均衡发展与城乡收入差距的库兹涅茨效应研究——基于中国县域截面数据的实证分析》,载于《统计研究》2010年第5期。

［56］黄纯纯、周业安：《地方政府竞争理论的起源、发展及其局限》，载于《中国人民大学学报》2011 年第 3 期。

［57］黄加虎：《政府竞争情报对区域经济发展的促进作用》，载于《情报资料工作》2007 年第 4 期。

［58］黄解宇、杨再斌：《金融集聚论：金融中心形成的理论与实践解析》，中国社会科学出版社 2006 年版。

［59］黄解宇：《金融集聚的内在动因分析》，载于《区域金融研究》2011 年第 3 期。

［60］黄蓉：《金融聚集、产业结构优化和经济总量之间的互动关系研究》，载于《经济问题》2013 年第 11 期。

［61］黄阳平：《地方政府财政支出竞争与工业集聚：——基于省（市、区）的空间面板数据分析》，载于《云南财经大学学报》2011 年第 5 期。

［62］黄永兴、徐鹏、孙彦骊：《金融集聚影响因素及其溢出效应——基于长三角的实证分析》，载于《投资研究》2011 年第 8 期。

［63］纪阳：《对我国区域金融风险成因及防范的研究》，载于《经济研究导刊》2011 年第 8 期。

［64］贾让成、楼伟波、李龙：《政府绩效考核机制：长三角经济一体化中政府竞争的源泉》，载于《上海经济研究》2007 年第 5 期。

［65］江飞涛、耿强、吕大国等：《地区竞争、体制扭曲与产能过剩的形成机理》，载于《中国工业经济》2012 年第 6 期。

［66］姜海龙：《政府竞争理论述评》，载于《求索》2004 年第 9 期。

［67］雷艳红、王宝恒：《财政竞争力：政治学视角的规范分析》，载于《中国行政管理》2014 年第 5 期。

［68］黎平海、王雪：《基于金融集聚视角的产业结构升级研究——以广东省为例》，载于《金融经济学研究》2009 年第 6 期。

［69］李标、宋长旭、吴贾：《创新驱动下金融集聚与区域经济增长》，载于《财经科学》2016 年第 1 期。

［70］李镔、汤子隆、许珊珊等：《我国金融产业集聚研究——基于空间统计学的研究方法》，载于《经济问题》2013 年第 7 期。

［71］李大垒：《城市金融产业集聚形成原因的实证研究——基于我国 35 个大中城市的面板数据》，载于《上海经济研究》2010 年第 8 期。

［72］李东卫：《浅谈县域金融机构网点合理布局的路径选择》，载于《贵州农村金融》2010年第6期。

［73］李广斌、王勇、黄明华：《基于地方政府博弈的区域合作困境分析》，载于《华东经济管理》2009年第12期。

［74］李红、王彦晓：《金融集聚、空间溢出与城市经济增长——基于中国286个城市空间面板杜宾模型的经验研究》，载于《国际金融研究》2014年第2期。

［75］李江：《财政分权、地方政府竞争和区域经济增长》，载于《财经问题研究》2012年第2期。

［76］李敬、陈澍、万广华等：《中国区域经济增长的空间关联及其解释——基于网络分析方法》，载于《经济研究》2014年第11期。

［77］李敬、冉光和、万广华：《中国区域金融发展差异的解释——基于劳动分工理论与Shapley值分解方法》，载于《经济研究》2007年第5期。

［78］李静、白江：《我国地区金融集聚水平的测度》，载于《求是学刊》2014年第4期。

［79］李静、马丽娟：《金融集聚的区域经济增长效应分析》，载于《社会科学战线》2016年第10期。

［80］李静、朱显平、白江：《我国地区金融集聚驱动因素的实证分析》，载于《东北师大学报》（哲学），2014年第5期。

［81］李静霞、丁艺：《金融集聚对区域经济增长的辐射作用》，载于《求索》2009年第10期。

［82］李林、丁艺、刘志华：《金融集聚对区域经济增长溢出作用的空间计量分析》，载于《金融研究》2011年第5期。

［83］李少星、李蕊：《新世纪以来我国金融集聚的格局特征与关联演化模式研究》，载于《东岳论丛》2016年第7期。

［84］李胜兰、初善冰、申晨：《地方政府竞争、环境规制与区域生态效率》，载于《世界经济》2014年第4期。

［85］李淑娟：《解析政府竞争视角下的地方政府融资行为——兼论我国地方政府债务形成与膨胀》，载于《现代经济探讨》2014年第1期。

［86］李思霖、魏修建：《我国金融集聚与经济增长的空间相关性

研究》，载于《财经问题研究》2017 年第 3 期。

［87］李涛、周业安：《财政分权视角下的支出竞争和中国经济增长：基于中国省级面板数据的经验研究》，载于《世界经济》2008 年第 11 期。

［88］李涛、周业安：《中国地方政府间支出竞争研究——基于中国省级面板数据的经验证据》，载于《管理世界》2009 年第 2 期。

［89］李伟军、孙彦骊：《城市群内金融集聚及其空间演进：以长三角为例》，载于《经济经纬》2011 年第 6 期。

［90］李伟军：《地区行政层级、信息基础与金融集聚的路径选择——基于长三角城市群面板数据的实证分析》，载于《财经研究》2011 年第 11 期。

［91］李亚敏、王浩：《伦敦金融城的金融集聚与战略发展研究——兼议对上海国际金融中心建设的启示李亚敏》，载于《上海金融》2010 年第 11 期。

［92］李延军、李海月、史笑迎：《京津冀区域金融集聚的空间溢出效应及影响路径》，载于《金融论坛》2016 年第 11 期。

［93］李一花：《地方政府竞争的经济学分析》，载于《广西财政高等专科学校学报》2005 年第 1 期。

［94］李永友、沈坤荣：《辖区间竞争、策略性财政政策与 FDI 增长绩效的区域特征》，载于《经济研究》2008 年第 5 期。

［95］李正辉、蒋赞：《基于省域面板数据模型的金融集聚影响因素研究》，载于《财经理论与实践》2012 年第 4 期。

［96］连建辉、孙焕民、钟惠波：《金融企业集群：经济性质、效率边界与竞争优势》，载于《金融研究》2005 年第 6 期。

［97］梁涵、姜玲、杨开忠：《整合地方政府竞争的新经济地理学模型》，载于《系统工程理论与实践》2011 年第 1 期。

［98］梁静雅、乔海曙：《县域金融供给与县域经济发展关系的实证》，载于《统计与决策》2012 年第 10 期。

［99］梁颖、罗霄：《金融产业集聚的形成模式研究：全球视角与中国的选择》，载于《南京财经大学学报》2006 年第 5 期。

［100］梁颖：《金融产业集聚的宏观动因》，载于《南京社会科学》2006 年第 11 期。

[101] 梁志刚：《县域经济发展与县域金融体系重构》，载于《宏观经济研究》2004 年第 6 期。

[102] 林彰平、闫小培：《广州市金融机构微观集聚案例》，载于《经济地理》2007 年第 27 卷第 1 期。

[103] 刘超、李大龙：《基于复杂性理论的金融产业集聚演化动因研究》，载于《当代经济研究》2013 年第 10 期。

[104] 刘大志、蔡玉胜：《地方政府竞争、资本形成与经济增长》，载于《当代财经》2005 年第 2 期。

[105] 刘汉屏、刘锡田：《地方政府竞争：分权、公共物品与制度创新》，载于《改革》2003 年第 6 期。

[106] 刘红：《金融集聚对区域经济的增长效应和辐射效应研究》，载于《上海金融》2008 年第 6 期。

[107] 刘军、黄解宇、曹利军：《金融集聚影响实体经济机制研究》，载于《管理世界》2007 年第 4 期。

[108] 刘沛、黎齐：《金融集聚对产业结构提升的空间外溢效应研究——以广东省为例》，载于《科技管理研究》2014 年第 10 期。

[109] 刘瑞波、崔凤龙、刘秀波：《山东半岛蓝色经济区金融产业集聚度研究》，载于《东岳论丛》2015 年第 10 期。

[110] 刘瑞波、张仁钊、崔凤龙：《金融产业集聚与经济增长关系研究：以蓝色经济区为例》，载于《东岳论丛》2014 年第 10 期。

[111] 刘卫：《上海金融中心的形成与现状分析——金融服务业地理集聚》，载于《上海经济研究》2007 年第 11 期。

[112] 柳庆刚、姚洋：《地方政府竞争和结构失衡》，载于《世界经济》2012 年第 12 期。

[113] 龙小宁、朱艳丽、蔡伟贤等：《基于空间计量模型的中国县级政府间税收竞争的实证分析》，载于《经济研究》2014 年第 8 期。

[114] 卢洪友、龚锋：《政府竞争、"攀比效应"与预算支出受益外溢》，载于《管理世界》2007 年第 8 期。

[115] 陆军、徐杰：《金融集聚与区域经济增长的实证分析——以京津冀地区为例》，载于《学术交流》2014 年第 2 期。

[116] 罗若愚、张龙鹏：《承接产业转移中我国西部地方政府竞争与经济增长绩效》，载于《中国行政管理》2013 年第 7 期。

［117］罗若愚、张龙鹏：《地方政府竞争、产业转移与我国西部经济增长》，载于《理论探讨》2013 年第 3 期。

［118］骆永民、刘艳华：《金融集聚、人力资本与房价——基于PanelVAR 模型》，载于《财贸研究》2011 年第 4 期。

［119］马连福、曹春方：《制度环境、地方政府干预、公司治理与IPO 募集资金投向变更》，载于《管理世界》2011 年第 5 期。

［120］马青、傅强：《地方政府竞争与区域发展差异：基于贸易开放的实证研究》，载于《经济问题探索》2016 年第 4 期。

［121］马勇、陈雨露：《金融发展中的政府与市场关系："国家禀赋"与有效边界》，载于《财贸经济》2014 年第 3 期。

［122］孟德锋、卢亚娟、方金兵：《金融排斥视角下村镇银行发展的影响因素分析》，载于《经济学动态》2012 年第 9 期。

［123］潘辉、冉光和、张冰等：《金融集聚与实体经济增长关系的区域差异研究》，载于《经济问题探索》2013 年第 5 期。

［124］潘文卿：《中国的区域关联与经济增长的空间溢出效应》，载于《经济研究》2012 年第 1 期。

［125］潘英丽：《论金融中心形成的微观基础——金融机构的空间集聚》，载于《上海财经大学学报》2003 年第 1 期。

［126］彭纪生、仲为国、孙文祥：《地方政府间竞争：经济溢出和技术溢出视角》，载于《学海》2011 年第 1 期。

［127］彭宗超、庄立：《中国地方政府公共服务竞争力相关概念探析》，载于《中国行政管理》2008 年第 5 期。

［128］皮天雷、郝郎：《金融发展的"中国模式"探析——基于"中国之谜"与制度变迁的视角》，载于《财经科学》2011 年第 9 期。

［129］钱水土、程建伟：《县域经济发展与县域金融体系重构研究》，载于《浙江社会科学》2005 年第 6 期。

［130］钱水土、江乐：《浙江区域金融结构对产业集聚的影响研究——基于面板数据的实证分析》，载于《统计研究》2009 年第 10 期。

［131］钱水土、金娇：《金融结构、产业集聚与区域经济增长：基于 2000~2007 年长三角地区面板数据分析》，载于《商业经济与管理》2010 年第 4 期。

［132］钱水土：《县域经济发展中的县域金融体系重构：浙江案

例》，载于《金融研究》2006年第9期。

[133] 青木昌彦：《政府在东亚经济发展中的作用》，中国经济出版社1998年版。

[134] 任英华、徐玲、游万海：《金融集聚影响因素空间计量模型及其应用》，载于《数量经济技术经济研究》2010年第5期。

[135] 任英华、姚莉媛：《金融集聚核心能力评价指标体系与模糊综合评价研究》，载于《统计与决策》2010年第11期。

[136] 任勇、肖宇：《当代中国地方政府竞争的内涵、特征以及治理》，载于《内蒙古社会科学》（汉文版），2005年第2期。

[137] 茹乐峰、苗长虹、王海江：《我国中心城市金融集聚水平与空间格局研究》，载于《经济地理》2014年第2期。

[138] 邵明伟、钟军委、张祥建：《地方政府竞争：税负水平与空间集聚的内生性研究——基于2000~2011年中国省域面板数据的空间联立方程模型》，载于《财经研究》2015年第6期。

[139] 沈坤荣、付文林：《税收竞争、地区博弈及其增长绩效》，载于《经济研究》2006年第6期。

[140] 沈坤荣、张璟：《财政分权背景下的区域金融发展及其增长绩效——基于地方政府干预视角的实证研究》，区域经济合作与区域经济发展理论研讨会，2008年。

[141] 沈坤荣、张璟：《中国农村公共支出及其绩效分析——基于农民收入增长和城乡收入差距的经验研究》，载于《管理世界》2007年第1期。

[142] 师博、沈坤荣：《政府干预、经济集聚与能源效率》，载于《管理世界》2013年第10期。

[143] 施卫东、高雅：《金融服务业集聚发展对产业结构升级的影响——基于长三角16个中心城市面板数据的实证检验》，载于《经济与管理研究》2013年第3期。

[144] 施卫东：《城市金融产业集聚对产业结构升级影响的实证分析——以上海为例》，载于《经济经纬》2010年第6期。

[145] 石全虎：《县域金融支持县域经济发展的理论思考》，载于《经济社会体制比较》2009年第2期。

[146] 石全虎：《县域金融集聚中县域小金融机构的建立和完善》，

载于《内蒙古财经学院学报》2008 年第 1 期。

[147] 石全虎：《县域小金融机构发展路径分析》，载于《社会科学论坛》（学术研究卷），2009 年第 2 期。

[148] 石盛林：《经济增长对金融发展的影响机理研究——基于县域数据的实证分析》，载于《财贸研究》2011 年第 2 期。

[149] 石盛林：《县域金融对经济增长的影响机理——基于 DEA 方法的前沿分析》，载于《财贸经济》2011 年第 4 期。

[150] 司月芳、曾刚、樊鸿伟：《上海陆家嘴金融集聚动因的实证研究》，载于《人文地理》2008 年第 6 期。

[151] 宋凌峰、叶永刚：《中国区域金融风险部门间传递研究》，载于《管理世界》2011 年第 9 期。

[152] 苏李、臧日宏、闫逢柱：《中国金融服务业与经济增长的 Granger 分析——基于地理集聚视角》，载于《东北大学学报》（社会科学版），2010 年第 1 期。

[153] 孙根紧：《金融集聚对产业结构升级的影响研究》，载于《社会科学家》2015 年第 8 期。

[154] 孙晶、李涵硕：《金融集聚与产业结构升级——来自 2003 ~ 2007 年省际经济数据的实证分析》，载于《经济学家》2012 年第 3 期。

[155] 孙清、蔡则祥：《"长三角"区域金融风险分析》，载于《审计与经济研究》2008 年第 1 期。

[156] 孙武军、宁宁、崔亮：《金融集聚、地区差异与经济发展》，载于《北京师范大学学报》（社会科学版），2013 年第 3 期。

[157] 谭劲松、简宇寅、陈颖：《政府干预与不良贷款——以某国有商业银行 1988 ~ 2005 年的数据为例》，载于《管理世界》2012 年第 7 期。

[158] 谭丽焱：《地方政府竞争、FDI 与中国经济增长方式》，载于《科学经济社会》2016 年第 34 卷第 1 期。

[159] 唐志军、刘友金、谌莹：《地方政府竞争、投资冲动和我国宏观经济波动研究》，载于《当代财经》2011 年第 8 期。

[160] 滕春强：《金融企业集群：一种新的集聚现象的兴起》，载于《上海金融》2006 年第 5 期。

[161] 滕春强：《金融企业集群发展动因研究》，载于《金融理论

探索》2006 年第 5 期。

[162] 滕春强：《区域金融企业集群的竞争优势》，载于《经济咨询》2006 年第 1 期。

[163] 田杰、陶建平：《我国农村金融发展与城乡收入差距关系研究——来自县（市）面板数据的经验证据》，载于《中国流通经济》2011 年第 10 期。

[164] 万广华、陆铭、陈钊：《全球化与地区间收入差距：来自中国的证据》，载于《中国社会科学》2005 年第 3 期。

[165] 汪伟全：《当代中国地方政府竞争：演进历程与现实特征》，载于《晋阳学刊》2008 年第 6 期。

[166] 汪伟全：《中国地方政府竞争：从产品、要素转向制度环境》，载于《南京社会科学》2004 年第 7 期。

[167] 汪潇、姚辉：《城市总部经济发展能力与金融集聚实证研究》，载于《经济理论与经济管理》2011 年第 5 期。

[168] 王步芳：《首都金融产业集群优势与发展研究》，载于《北京市经济管理干部学院学报》2006 年第 4 期。

[169] 王丹、叶蜀君：《金融集聚的动因研究》，载于《山西财经大学学报》2012 年第 4 期。

[170] 王丹、叶蜀君：《金融集聚对经济增长的知识溢出机制研究》，载于《北京交通大学学报》（社会科学版），2015 年第 3 期。

[171] 王凤荣、董法民：《地方政府竞争与中国的区域市场整合机制——中国式分权框架下的地区专业化研究》，载于《山东大学学报》（哲学社会科学版），2013 年第 3 期。

[172] 王焕祥、李静：《中国地方政府竞争演进的理论与实践研究》，载于《社会科学辑刊》2009 年第 4 期。

[173] 王缉慈：《创新的空间：企业集群与区域发展》，北京大学出版社 2001 年版。

[174] 王晶晶、岳中刚：《金融集聚、本地需求规模与地区工资差异——基于中国地级及以上城市面板数据的实证分析》，载于《当代财经》2016 年第 3 期。

[175] 王俊、洪正：《地方政府金融竞争与区域金融风险——基于博弈视角的理论分析》，载于《贵州社会科学》2015 年第 8 期。

　　[176] 王曼怡、刘同山：《我国中央商务区金融集聚问题研究——以天津滨海新区为例》，载于《经济纵横》2010 年第 10 期。

　　[177] 王仁祥、石丹：《区域金融中心指标体系的构建与模糊综合评判》，载于《统计与决策》2005 年第 17 期。

　　[178] 王仁祥、石丹：《武汉建设区域金融中心的优势、劣势分析及对策》，载于《武汉金融》2005 年第 6 期。

　　[179] 王守坤、任保平：《中国省级政府间财政竞争效应的识别与解析：1978～2006 年》，载于《管理世界》2008 年第 11 期。

　　[180] 王守坤：《政府与金融的政治关联：经济效应检验及中介路径判断》，载于《经济评论》2015 年第 5 期。

　　[181] 王守坤：《中国各地区抑制性金融发展的空间关联效应——基于广义空间计量模型的分析》，载于《当代财经》2015 年第 8 期。

　　[182] 王书华、张润林：《金融资源配置与城乡居民收入差距研究》，载于《商业研究》2012 年第 7 期。

　　[183] 王天有：《在货币危机传染背景下我国区域性金融风险的防范》，载于《兰州商学院学报》2003 年第 3 期。

　　[184] 王文剑、覃成林：《财政分权、地方政府行为与地区经济增长——一个基于经验的判断及检验》，载于《经济理论与经济管理》2007 年第 10 期。

　　[185] 王文剑、仇建涛、覃成林：《财政分权、地方政府竞争与FDI 的增长效应》，载于《管理世界》2007 年第 3 期。

　　[186] 王文静：《天津金融服务业集聚的测度与评价》，载于《统计与决策》2012 年第 15 期。

　　[187] 王修华、黄明：《金融资源空间分布规律：一个金融地理学的分析框架》，载于《经济地理》2009 年第 11 期。

　　[188] 王修华、顾娜：《我国区域金融发展与二元经济结构转换的实证分析》，载于《农业技术经济》2008 年第 1 期。

　　[189] 王修华：《我国区域金融发展差异的比较》，载于《经济地理》2007 年第 2 期。

　　[190] 王旭红：《我国县域金融的结构、效率与功能研究》，湖南农业大学 2009 年版。

　　[191] 王雅卉、谢元态：《试论我国县域金融抑制与深化》，载于

《农村经济》2013 年第 6 期。

[192] 王颖：《新设金融机构对于县域金融市场的影响分析》，载于《内蒙古金融研究》2014 年第 6 期。

[193] 王宇、郭新强、干春晖：《关于金融集聚与国际金融中心建设的理论研究——基于动态随机一般均衡系统和消息冲击的视角》，载于《经济学》（季刊），2015 年第 1 期。

[194] 王志强、孙刚：《中国金融发展规模、结构、效率与经济增长关系的经验分析》，载于《管理世界》2003 年第 7 期。

[195] 王自力：《地方政府隐性金融干预行为及福利损失分析》，载于《甘肃金融》2007 年第 12 期。

[196] 温涛、冉光和、熊德平：《中国金融发展与农民收入增长》，载于《经济研究》2005 年第 9 期。

[197] 巫强、崔欣欣、马野青：《财政分权和地方政府竞争视角下我国出口增长的制度解释：理论与实证研究》，载于《国际贸易问题》2015 年第 10 期。

[198] 吴群、李永乐：《财政分权、地方政府竞争与土地财政》，载于《财贸经济》2010 年第 7 期。

[199] 吴旬：《土地价格、地方政府竞争与政府失灵》，载于《中国土地科学》2004 年第 2 期。

[200] 吴玉鸣：《县域经济增长集聚与差异：空间计量经济实证分析》，载于《世界经济文汇》2007 年第 2 期。

[201] 吴振球、王建军：《地方政府竞争与经济增长方式转变：1998~2010——基于中国省级面板数据的经验研究》，载于《经济学家》2013 年第 1 期。

[202] 谢平：《中国金融资产结构分析》，载于《经济研究》1992 年第 11 期。

[203] 谢清河：《县域经济发展与金融支持问题研究》，载于《经济问题》2004 年第 8 期。

[204] 谢庆健：《县域金融生态现状分析——来自安徽、江西、河南、江苏、浙江、山东六省的调查报告》，载于《中国金融》2006 年第 4 期。

[205] 谢思全、张熇铭、李泰宏：《区域经济发展中地方政府及其

策略互动：一个协调博弈的分析框架》，载于《南开经济研究》2008 年第 5 期。

[206] 谢炜、蒋云根：《中国公共政策执行过程中地方政府间的利益博弈》，载于《浙江社会科学》2007 年第 5 期。

[207] 谢问兰、董晓林、戴国海等：《县域金融发展与经济增长关系的研究——以江苏省为例》，载于《南京农业大学学报》（社会科学版），2008 年第 1 期。

[208] 谢晓波：《地方政府竞争与区域经济协调发展的博弈分析》，载于《社会科学战线》2004 年第 4 期。

[209] 谢晓波：《经济转型中的地方政府竞争与区域经济协调发展》，载于《浙江社会科学》2004 年第 2 期。

[210] 徐斌：《财政联邦主义理论与地方政府竞争：一个综述》，载于《当代财经》2003 年第 12 期。

[211] 徐建波、夏海勇：《金融发展与经济增长：政府干预重要吗》，载于《经济问题》2014 年第 7 期。

[212] 徐晔、宋晓薇：《金融集聚、空间外溢与全要素生产率——基于 GWR 模型和门槛模型的实证研究》，载于《当代财经》2016 年第 10 期。

[213] 许桂红：《重塑县域金融体系的途径分析》，载于《商业研究》2008 年第 10 期。

[214] 薛白：《财政分权、政府竞争与土地价格结构性偏离》，载于《财经科学》2011 年第 3 期。

[215] 闫大卫：《从地方政府竞争的内涵看地方政府竞争力的测度方法》，载于《生产力研究》2006 年第 8 期。

[216] 闫彦明：《金融资源集聚与扩散的机理与模式分析——上海建设国际金融中心的路径选择》，载于《上海经济研究》2006 年第 9 期。

[217] 严冀、陆铭、陈钊：《改革、政策的相互作用和经济增长——来自中国省级面板数据的证据》，载于《世界经济文汇》2005 年第 1 期。

[218] 颜洪平、陈平：《金融集聚与经济发展耦合协调性评价——以中部六省为例》，载于《经济体制改革》2016 年第 3 期。

[219] 颜燕、刘涛、满燕云：《基于土地出让行为的地方政府竞争与经济增长》，载于《城市发展研究》2013 年第 3 期。

[220] 杨海生、陈少凌、周永章：《地方政府竞争与环境政策——来自中国省份数据的证据》，载于《南方经济》2008 年第 6 期。

[221] 杨洪焦、孙林岩、高杰：《中国制造业聚集度的演进态势及其特征分析》，载于《数量经济技术经济研究》2008 年第 5 期。

[222] 杨坚：《地方政府竞争下的产业结构调整——基于金融发展视角》，载于《经济问题》2011 年第 12 期。

[223] 杨起予：《以上海为中心的金融产业集聚对长三角经济发展的影响》，载于《浙江学刊》2009 年第 6 期。

[224] 杨义武、方大春：《金融集聚与产业结构变迁——来自长三角 16 个城市的经验研究》，载于《金融经济学研究》2013 年第 6 期。

[225] 杨元泽、赵会玉：《地方政府竞争提高了经济效率么？——基于省级面板数据的经验研究》，载于《北京理工大学学报》（社会科学版），2010 年第 5 期。

[226] 姚德龙：《中国省域工业集聚的空间计量经济学分析》，载于《统计与决策》2008 年第 3 期。

[227] 姚耀军：《政府干预、银行中介发展与经济增长》，载于《财经问题研究》2010 年第 8 期。

[228] 叶谢康：《县域金融监管体制改革与区域金融风险防范》，载于《福建金融》2013 年第 6 期。

[229] 殷兴山、贺绎奋、徐洪水：《长三角金融集聚态势与提升竞争力分析》，载于《上海金融》2003 年第 8 期。

[230] 尹恒、徐琰超：《地市级地区间基本建设公共支出的相互影响》，载于《经济研究》2011 年第 7 期。

[231] 尹来盛、冯邦彦：《金融集聚研究进展与展望》，载于《人文地理》2012 年第 1 期。

[232] 尹希果、陈刚、潘杨：《分税制改革、地方政府干预与金融发展效率》，载于《财经研究》2006 年第 10 期。

[233] 于东山、娄成武：《中国地方政府竞争理论研究的缘起、现状与展望》，载于《东北大学学报》（社会科学版），2010 年第 4 期。

[234] 于雁洁、胡梦荔：《我国金融产业集聚效应影响因素分析》，载于《统计与决策》2012 年第 17 期。

[235] 于之倩、李郁芳：《财政分权下地方政府行为与非经济性公

共品——基于新制度经济学的视角》，载于《暨南学报》（哲学社会科学版），2015年第2期。

[236] 余霞民：《地方政府竞争、产业同构与金融配置效率：以长三角经济区为例》，载于《上海金融》2016年第5期。

[237] 余许友：《中部地区金融发展研究——基于地方政府行为的视角》，载于《经济问题》2011年第7期。

[238] 余泳泽、宣烨、沈扬扬：《金融集聚对工业效率提升的空间外溢效应》，载于《世界经济》2013年第2期。

[239] 袁立科：《县域经济发展效率及其影响因素研究——以江苏省为例》，载于《审计与经济研究》2010年第5期。

[240] 张超、王春杨：《地方政府竞争视角下的我国区域市场分割研究综述》，载于《经济问题探索》2013年第2期。

[241] 张凤超、王亚范：《关于区域金融成长的理性探讨》，载于《吉林财税高等专科学校学报》2000年第2期。

[242] 张凤超：《金融地域系统研究》，人民出版社2006年版。

[243] 张浩然：《空间溢出视角下的金融集聚与城市经济绩效》，载于《财贸经济》2014年第35卷第9期。

[244] 张浩然：《中国城市金融集聚的演进趋势与影响因素：区域异质性视角》，载于《广东财经大学学报》2016年第3期。

[245] 张宏翔、张宁川、匡素帛：《政府竞争与分权通道的交互作用对环境质量的影响研究》，载于《统计研究》2015年第6期。

[246] 张晖：《地方政府竞争的方式及其双重效应》，载于《经济体制改革》2011年第1期。

[247] 张杰、谢晓雪：《政府的市场增进功能与金融发展的"中国模式"》，载于《金融研究》2008年第11期。

[248] 张杰：《中国农村金融制度调整的绩效：金融需求视角》，中国人民大学出版社2007年版。

[249] 张杰：《中国金融成长的经济分析》，中国经济出版社1995年版。

[250] 张璟、沈坤荣：《地方政府干预、区域金融发展与中国经济增长方式转型——基于财政分权背景的实证研究》，载于《南开经济研究》2008年第6期。

［251］张军、高远、傅勇等：《中国为什么拥有了良好的基础设施?》，载于《经济研究》2007年第3期。

［252］张君生：《整体稳健推进县域金融机构改革及管理的政策思考——基于县域金融机构改革及管理之演变进程的实证研究》，载于《西部商学评论》2010年第1期。

［253］张鹏：《初始条件、地方政府竞争与自我发展能力：中国区域经济转型的演化路径》，载于《经济问题探索》2012年第4期。

［254］张清正：《异质性视角下中国金融业集聚及影响因素研究》，载于《经济问题探索》2015年第6期。

［255］张日旭：《地方政府竞争引起的产能过剩问题研究》，载于《经济与管理》2012年第26卷第11期。

［256］张世晓、王国华：《基于耗散结构理论的区域金融集聚演化机制研究》，载于《统计与决策》2010年第12期。

［257］张维迎、栗树和：《地区间竞争与中国国有企业的民营化》，载于《经济研究》1998年第12期。

［258］张五常：《新制度经济学的现状及其发展趋势》，载于《当代财经》2008年第7期。

［259］张五常：《中国的经济制度》，中信出版社2009年版。

［260］张小蒂、王永齐：《企业家显现与产业集聚：金融市场的联结效应》，载于《中国工业经济》2010年第5期。

［261］张晓燕：《金融产业集聚的衡量体系和实证分析——以环渤海经济圈为例》，载于《东岳论丛》2012年第2期。

［262］张秀娟：《金融集聚对城乡收入差距的影响——基于省际面板数据的实证分析》，载于《农业技术经济》2015年第4期。

［263］张学艺、徐鸣：《金融服务聚合与区域经济联动发展的机制构建》，载于《统计与决策》2016年第6期。

［264］张泽慧：《国际金融中心指标评估方法及指标评价体系》，载于《社会科学研究》2005年第1期。

［265］张志元、季伟杰：《中国省域金融产业集聚影响因素的空间计量分析》，载于《金融经济学研究》2009年第1期。

［266］张志元、李东霖：《金融资源优化配置与县域经济发展关系研究——以山东省临朐县为例》，载于《山东财经大学学报》2015年第

1 期。

[267] 赵祥：《地方政府竞争与 FDI 区位分布——基于我国省级面板数据的实证研究》，载于《经济学家》2009 年第 8 期。

[268] 赵志华：《论县域金融服务中的深层次利益冲突与体系优化》，载于《金融研究》2004 年第 9 期。

[269] 郑志刚、邓贺斐：《法律环境差异和区域金融发展——金融发展决定因素基于我国省级面板数据的考察》，载于《管理世界》2010 年第 6 期。

[270] 中国地方政府竞争课题组：《中国地方政府竞争与公共物品融资》，载于《财贸经济》2002 年第 10 期。

[271] 中国人民银行达州市中心支行课题组：《市场化进程中的金融剪刀差：西部县域金融制度安排的案例研究》，载于《金融研究》2004 年第 2 期。

[272] 钟惠波、许培源：《地方政府竞争、重复建设及其规制政策分析》，载于《运筹与管理》2012 年第 3 期。

[273] 钟晓敏：《市场化改革中的地方财政竞争》，载于《财经研究》2004 年第 1 期。

[274] 钟子明、张宗益、吴江：《地方政府竞争、征税成本与金融资产质量》，载于《管理工程学报》2008 年第 3 期。

[275] 周兵、梁松、邓庆宏：《金融环境视角下 FDI 流入与产业集聚效应的双门槛检验》，载于《中国软科学》2014 年第 1 期。

[276] 周兵、张倩、张晨阳：《金融环境因素背景下的 FDI 与产业集聚》，载于《管理世界》2012 年第 1 期。

[277] 周凯、刘帅：《金融资源集聚能否促进经济增长——基于中国 31 个省份规模以上工业企业数据的实证检验》，载于《宏观经济研究》2013 年第 11 期。

[278] 周珂慧、甄峰、余洋等：《中心城区金融服务业空间集聚过程与格局研究——以潍坊市奎文区为例》，载于《人文地理》2010 年第 6 期。

[279] 周黎安：《晋升博弈中政府官员的激励与合作——兼论我国地方保护主义和重复建设问题长期存在的原因》，载于《经济研究》2004 年第 6 期。

［280］周黎安：《中国地方官员的晋升锦标赛模式研究》，载于《经济研究》2007 年第 7 期。

［281］周立、王子明：《中国各地区金融发展与经济增长实证分析：1978～2000》，载于《金融研究》2002 年第 10 期。

［282］周立：《改革期间中国金融业的"第二财政"与金融分割》，载于《世界经济》2003 年第 6 期。

［283］周立：《渐进转轨、国家能力与金融功能财政化》，载于《财经研究》2005 年第 2 期。

［284］周立：《中国各地区金融发展与经济增长：1978～2000》，清华大学出版社 2004 年版。

［285］周天芸、王莹：《金融机构空间集聚与经济增长——来自广东省县域的实证检验》，载于《地理研究》2014 年第 6 期。

［286］周伟林：《长三角城市群经济与空间的特征及其演化机制》，载于《世界经济文汇》2005 年第 4 期。

［287］周亚虹、宗庆庆、陈曦明：《财政分权体制下地市级政府教育支出的标尺竞争》，载于《经济研究》2013 年第 11 期。

［288］周业安、冯兴元、赵坚毅：《地方政府竞争与市场秩序的重构》，载于《中国社会科学》2004 年第 1 期。

［289］周业安、李涛：《地方政府竞争和经济增长：基于我国省级面板数据的空间计量经济学研究》，中国人民大学出版社 2013 年版。

［290］周业安、宋紫峰：《中国地方政府竞争 30 年》，载于《教学与研究》2009 年第 11 期。

［291］周业安、赵晓男：《地方政府竞争模式研究——构建地方政府间良性竞争秩序的理论和政策分析》，载于《管理世界》2002 年第 12 期。

［292］周业安：《地方政府竞争与经济增长》，载于《中国人民大学学报》2003 年第 1 期。

［293］周业安：《政府在金融发展中的作用——兼评"金融约束论"》，载于《中国人民大学学报》2000 年第 2 期。

［294］朱建华、洪必纲：《县域经济发展规划中的金融支持研究》，载于《经济地理》2010 年第 4 期。

［295］Acharya V，Philippon T，Richardson M，et al. The Financial

Crisis of 2007 – 2009: Causes and Remedies [J]. Financial Markets Institutions & Instruments, 2009, 18 (2): 89 – 137.

[296] Anselin L, Bongiovanni R, Lowenberg – Deboer J. A Spatial Econometric Approach to the Economics of Site – Specific Nitrogen Management in Corn Production [J]. American Journal of Agricultural Economics, 2004, 86 (3): 675 – 687.

[297] Anselin L. Model Validation in Spatial Econometrics: A Review and Evaluation of Alternative Approaches [J]. International Regional Science Review, 1988, 11 (3): 279 – 316.

[298] Baltagi B H. Econometric Analysis of Panel Data [M]. Econometric analysis of panel data. John Wiley, 2001: 747 – 754.

[299] Beck T, Demirgüç – Kunt A, Levine R. Law and finance: why does legal origin matter? [J]. Journal of Comparative Economics, 2003, 31 (4): 653 – 675.

[300] Breton, Albert. Competitive governments: an economic theory of politics and public finance [M]. Cambridge University Press, 1996.

[301] Breton, Albert. The organization of competition in congressional and parliamentary governments [M]. The Competitive State. Springer Netherlands, 1991: 13 – 38.

[302] Corbridge S, Thrift N J, Martin R. Money, Power, and Space [M]. Blackwell Publishers, 1994: 101 – 111.

[303] Cuñado J, Biscarri J G, Gracia F P D. Changes in the dynamic behavior of emerging market volatility: Revisiting the effects of financial liberalization [J]. Emerging Markets Review, 2006, 7 (3): 261 – 278.

[304] Dasgupta P. Trust as a Commodity [C]. Gambetta, D, Trust: Making & Breaking Cooperative Relations. 2000.

[305] Davis E. P. , International Financial Centres-an Industrial Analysis [J]. Discussion Paper 51, Bank of England, 1990.

[306] Démurger S. Infrastructure Development and Economic Growth: An Explanation for Regional Disparities in China [J]. Journal of Comparative Economics, 2001, 29 (1): 95 – 117.

[307] Elhorst J. P. , Specification and Estimation of Spatial Panel Data

Models [J]. International Regional Science Review, 2004 (26): 244 – 268.

[308] Elhorst J. P. , Dynamic Panels with Endogenous Interaction Effects When T is Small [J]. Regional Science & Urban Economics, 2010, 40 (5): 272 – 282.

[309] Ellison G, Glaeser E L. Geographic Concentration in U. S. Manufacturing Industries: A Dartboard Approach [J]. Social Science Electronic Publishing, 1994, 105 (105): 889 – 927.

[310] Elsinger H, Lehar A, Summer M. Risk Assessment for Banking Systems [J]. Management Science, 2006, 52 (9): 1301 – 1314.

[311] Gehrig T. Cities and the Geography of Financial Centres [J]. Social Science Electronic Publishing, 1998.

[312] Goldsmith R W. Financial structure and development [J]. Studies in Comparative Economics, 1969, 70 (4): 31 – 45.

[313] Gras N S B. The Development of Metropolitan Economy in Europe and America [J]. American Historical Review, 1922, 27 (4): 695 – 708.

[314] Grossman P J, Mavros P, Wassmer R W. Public Sector Technical Inefficiency in Large U. S. Cities [J]. Journal of Urban Economics, 1999, 46 (2): 278 – 299.

[315] Hayes K J, Razzolini L, Ross L B. Bureaucratic choice and nonoptimal provision of public goods: Theory and evidence [J]. Public Choice, 1998, 94 (1 – 2): 1 – 20.

[316] Hellmann T F, Murdock K C, Stiglitz J E. Liberalization, Moral Hazard in Banking, and Prudential Regulation: Are Capital Requirements Enough? [J]. American Economic Review, 2000, 90 (1): 147 – 165.

[317] Hellmann T F, Stiglitz J E. Liberalization, Moral Hazard in Banking and Prudential Regulation: Are Capital Requirements Enough? [J]. Ssrn Electronic Journal, 2000, 90 (1): 147 – 165.

[318] HWANG C L, YOON K S. Multiple Attribute Decision Making [J]. Lecture Notes in Economics & Mathematical Systems, 1981.

[319] Kenyon D A. and John Kincaid. Introduction. In Competition

among States and Local Governments: Efficiency and Equity in American Federalism [M]. The Urban Institute Press, 1991.

[320] Kenyon D A. Theories of Interjurisdictional Competition [J]. New England Economic Review, 1997, 35 (3): 13 –36.

[321] Kindleberger C P. The formation of financial centers: a study in comparative economic history [C]. Particle Accelerator Conference. 20th Particle Accelerator Conference (PAC 03), 1973: 3395 –3397.

[322] Kindle J C. The horizontal coherence of inertial oscillations in a coastal region [J]. Geophysical Research Letters, 1974 (3): 127 –130.

[323] Krugman P. The Role of Geography in Development [J]. International Regional Science Review, 1999, 22 (2): 142 –161.

[324] Lesage J P, Pace R K. Introduction to Spatial Econometrics. CRC Press, Boca Raton, FL [J]. Spatial Demography, 2009, 1 (1): 143 –145.

[325] Leyshon A, Thrift N. Financial Exclusion and the Shifting Boundaries of the Financial System [J]. Environment & Planning A, 1996, 28 (7): 1150 –1156.

[326] Leyshon A. Geographies of money and finance [J]. Progress in Human Geography, 1998, 22 (3): 433 –446.

[327] Leyshon A, Thrift N. Geographies of Financial Exclusion: Financial Abandonment in Britain and the United States [J]. Transactions of the Institute of British Geographers, 1995, 20 (3): 312 –341.

[328] Madiès T, Paty S, Rocaboy Y. Horizontal and vertical externalities: An overview of theoretical and empirical studies [J]. Revista de Economía Pública Urbana = Urban Public Economics Review, 2004, 87 (10): 63 –69.

[329] Martin A D, Madura J, Akhigbe A. A Note on Accounting Exposure and the Value of Multinational Corporations [J]. Global Finance Journal, 1998 (2): 269 –277.

[330] Martin A D. Exchange rate exposure of the key financial institutions in the foreign exchange market [J]. International Review of Economics & Finance, 2000, 9 (3): 267 –286.

[331] McKinnon R. I. , Money and Capital in Economic Development [M]. Brookings Institution Press, 1973: 679 – 702.

[332] Michael Cole, George Boyne. So you think you know what local government is? [J]. Local Government Studies, 1995, 21 (2): 191 – 205.

[333] Moshe Justman, Jacques—Franccois Thisse, Tanguyvan Ypersele. Taking the Bite out of Fiscal Competition [J]. Journal of Urban Economics, 2001, 52 (2): 294 – 315.

[334] Musgrave R A. The theory of public finance: a study in public economy [J]. Journal of Political Economy, 1959, 99 (1): 213 – 213.

[335] Naresh R. Pandit, Gary A. S. Cook, G. M. P. Swann. A Comparison of Clustering Dynamics in the British Broadcasting and Financial Services Industries [J]. International Journal of the Economics of Business, 2002, 9 (2): 195 – 224.

[336] Naresh R. Pandit, Gary A. S. Cook, G. M. Peter Swann, The Dynamics of Industrial Clustering in British Financial Services [J]. The Service Industries Journal, 2001, 21 (4): 33 – 61.

[337] Ndikumana L. Financial development, financial structure, and domestic investment: International evidence [J]. Journal of International Money & Finance, 2005, 24 (4): 651 – 673.

[338] Ndikumana L. , Distributional Conflict, the State and Peace Building in Burundi [J]. Working Papers, 2005, 94 (381): 413 – 427.

[339] Oates W E. An Essay on Fiscal Federalism [J]. Journal of Economic Literature, 1999, 37 (3): 1120 – 1149.

[340] Oates W E. Fiscal federalism [M]. Gregg Revivals, 1993.

[341] Paelinck J H P, Nijkamp P. Operational theory and method in regional economics [M]. Saxon House & Lexington Books 1975.

[342] Porteous D. The Development of Financial Centers: Location, Information Externalities and Path Dependence in Money and the Space Economy [M]. Chichester: Wiley Press, 1999.

[343] Porteous D. The Geography of Finance: Spatial Dimensions of Intermediary Behaviour [M]. Aldershot: Avebury Press, 1995.

[344] Porter M E. The Competitive Advantage of Nations [J]. Com-

petitive Intelligence Review, 1990, 1 (1): 427.

[345] Qian Y, Roland G. Federalism and the Soft Budget Constraint [J]. American Economic Review, 1998, 88 (5): 1143 – 1162.

[346] Risto L. R. , Financial geography-a banker's view [M]. Routedge Press, 2003.

[347] Shaw E S. Financial deepening in economic development [M]. Oxford University Press, 1973.

[348] Stigler, G. J.. The Tenable Range of Functions of Local Government. In Federal Expenditure Policy for Economic Growth and Stability. US Congress Joint Economic Committee [M]. Washington, DC: Government Printing Office, 1957.

[349] Thrift N, Leyshon A. A phantom state? The de-traditionalization of money, the international financial system and international financial centres [J]. Political Geography, 1994, 13 (4): 299 – 327.

[350] Tiebout C M. A Pure Theory of Local Expenditures [J]. Journal of Political Economy, 1956, 64 (5): 416 – 424.

[351] Tschoegl A E. International Banking Centers, Geography, and Foreign Banks [J]. Financial Markets Institutions & Instruments, 2010, 9 (1): 1 – 32.

[352] Weingast B R, Wittman D A. The Oxford handbook of political economy [M]. The Oxford handbook of political economy. Oxford University Press, 2006.

[353] Wilson J D. Theories of Tax Competition [J]. National Tax Journal, 1999, 52 (2): 269 – 304.

[354] Ying L. G. Understanding China's Recent Growth Experience: A Spatial Econometric Perspective [J]. Annals of Regional Science, 2003 (4): 613 – 628.

[355] Ying L. G. Measuring the Spillover Effects: Some Chinese Evidence [J]. Regional Science, 2000, 79 (1): 75 – 89.

[356] Zhao S. Spatial restructuring of financial centers i mainland China and Hong Kong: a geography of finance perspective [J]. Urban Affairs Review, 2003, 38 (4): 535 – 571.

后　记

本书选题来源于县域金融调查过程中对地方政府行为及作用的思考。自攻读硕士学位以来，我先后围绕农村投融资体制改革、农村基础设施投融资模式、小额贷款公司和村镇银行发展等方面开展研究。实地调查过程中，我切身感受到农村金融和县域金融改革发展过程中地方政府重要且特殊的作用，因此希望能够将地方政府的行为动机、特征和作用加以总结。2013 年我以《政府竞争视角下县域金融集聚演进及政策优化研究》为题申报国家自然科学基金青年项目并获准立项（项目编号：71303139），经过三年的研究，该项目于 2016 年 12 月顺利结题。该课题部分研究成果发表在《中国农村经济》《农业经济问题》《农业技术经济》《财经科学》《经济与管理评论》以及《山东财经大学学报》等刊物上，本书即是在上述成果基础上提炼而成。因此本选题的立项和成果的出版首先要感谢国家自然科学基金和山东财经大学学术专著出版计划的资助。

跟随导师王家传教授进入农村金融研究领域至今已 12 年有余，王老师在各方面给予了我慈父般的关爱，在此期间我顺利完成了学业并追随老师从泰山脚下来到泉城济南，而与王老师在同一所学校工作使我能够继续聆听导师的教诲。本书研究的全过程都离不开王老师的悉心指导，因此我希望借助第一本专著的出版表达对导师无尽的感激。同时还要感谢我的同门师兄弟尤其是刘艳华师兄在课题申报和研究过程中的支持和鼓励。

本研究的顺利完成离不开课题组成员葛永波教授、刘华军教授、董彦岭教授、刘立安副教授、赵国庆副教授、毛亚静老师的共同努力，也得益于孙亚男副教授和陈明华副教授等同事以及李维邦、郝建娇、宋建林、李余良和夏风鲁等同学的帮助，同时山东财经大学和金融学院为我的研究提供了充足的保障和积极向上的工作氛围，在此向提供上述支持的领导、同事和同学表示由衷的感谢。

本书完成之际恰逢我的 34 周岁生日，本选题研究的阶段也是家庭和事业发展最为关键的阶段，令我无比感动的是在此期间我的研究工作得到了家庭成员无条件的理解和支持，我的父母、爱人为此承担了更多的家庭事务，期间儿子的降生给了我莫大的激励，对他们最好的回报唯有日后更多的陪伴。

本研究的顺利完成还要感谢课题研究中为我的实地调查提供支持的相关政府部门尤其是地方政府部门的各位领导和同志，他们在日常事务极其繁重的情况下为我的实地调查提供了充分的保障，他们在县域金融和农村金融改革中做出的探索为我的研究提供了经验积累，他们的职业素养和奉献精神令我钦佩。

最后，向百忙之中评审和编辑本书的经济科学出版社各位专家和编辑老师表示衷心的感谢。

由于本人学识有限，使得本书对一些问题的研究未能达到应有的高度和广度，在今后的工作和学习中，我将继续就这些问题展开不遗余力的研究。

冯　林

2017 年 10 月

于山东财经大学金融学院